DICCIONARIO DEL DIABLO

Ambrose Bierce

Título: Diccionario del Diablo
Título original: *The Devil's Dictionary*
Autor: Ambrose Bierce

© Edimat Libros, SA
C/ Primavera, 10, nave 35
28500 Arganda del Rey
Madrid-España
www.edimat.es

Traducción: Rodolfo Walsh
Corrección y ampliación de traducción: Enrique López Castellón
Diseño de cubierta: Karakachoff Estudio
Ilustración de cubierta: Pablo Estevez para Karakachoff Estudio

ISBN: 978-84-9794-695-7
Depósito Legal: M-24805-2025

Impreso en China - *Printed in China*

INTRODUCCIÓN

Los años de niñez y de juventud de Ambrose Bierce coinciden con el principal impulso que llevó a la gestación definitiva de Estados Unidos como nación de proporciones continentales. Por eso, los historiadores de estas décadas en torno a la mitad del siglo xix dirigen más su atención a las etapas del desarrollo americano que a las personas de los presidentes y a los acontecimientos políticos. Ese desarrollo es, ante todo, crecimiento demográfico (en 1830 el territorio de Estados Unidos, albergaba trece millones de almas; treinta años más tarde eran treinta y un millones). Las causas son dobles: emigración y elevada natalidad. En este aspecto, la familia Bierce es prototípica: trece hermanos, padres granjeros y descendientes de los colonos de la Nueva Inglaterra del siglo xvii, que se desplazaban hacia el oeste del país huyendo de la carestía de la costa atlántica, fomentada por un desarrollo industrial y comercial en estados como Nueva York, Nueva Jersey, Pennsylvania, Maryland, Ohio, Michigan o Illinois, donde la vida agrícola y ganadera empezó a languidecer. Todos estos hechos hicieron retroceder constantemente la frontera, realizándose lo que un editor de la época definió como «el destino evidente» de Estados Unidos de extenderse hacia occidente hasta alcanzar la costa del Pacífico.

Para cumplir este «destino», Estados Unidos fue incorporándose nuevos territorios hasta alcanzar sus fronteras actuales. Uno de ellos fue Oregón y otro Texas, que había formado parte de México, lo que motivó una guerra con este país. El descubrimiento de oro en California despertó una «sed» a cuyo impulso se pobló toda la zona con buscadores y aventureros. Paralelamente, el ferrocarril empezó a unir puntos tan distantes que sin su ayuda difícilmente se hubiesen puesto en comunicación, lo mismo cabe decir del nacimiento y la expansión de la navegación a vapor. El telégrafo inventado por Morse en 1844 y la maquinización de la agricultura fueron también fenómenos que acompañaron a profundas transformaciones culturales, como el incremento de la escuela pública frente a las confesionales, y la publicación de los primeros periódicos a precios populares. La infancia de Ambrose Bierce se encuadra en estos hechos y en cierta medida queda marcada por ellos, si entendemos que la biografía de un individuo está configurada por la historia de su país.

Con todo, la niñez de Bierce es también la de una grave crisis provocada en parte por la industrialización que ahondó las diferencias entre el sur agrícola y el norte industrial, incluida la parte del oeste en torno a los grandes lagos que se estaba industrializando. Por otra parte, la expansión hacia el oeste planteaba una vez más el problema de la extensión de la esclavitud a los nuevos territorios y a los estados nacientes. El problema, no resuelto sino aplazado con el compromiso de Missouri (1820), reapareció con toda su gravedad en 1854 al aprobarse el Acta de Kansas-Nebraska, que permitía a los habitantes decidir si estos territorios serían esclavistas o no, aunque estaban situados en una zona no incluida en el compromiso citado. La más importante consecuencia de esta crisis fue la fundación en 1854 del Partido Republicano, al que se unió el partido Whig («liberal»), cuya organización estaba en trance de desaparecer. A su vez, el Partido Demócrata, que ya existía desde años atrás y que propugnaba la abolición de la esclavitud (idea en la que participaba la familia Bierce), se incrementaba con los seguidores del Partido del suelo libre.

Los demócratas vencieron en las elecciones de 1852 y 1856, pero en 1860 no presentaron una candidatura exclusivamente con la comprensible división de sus votantes que posibilitó la elección del republicano moderado Abraham Lincoln, opuesto a la esclavitud. Apenas conocidos los resultados de la votación, Carolina del Sur proclamó su retirada de la Unión, poniendo como motivo precisamente el problema de la esclavitud. Se separaron luego otros seis estados (Misisipi, Florida, Alabama, Georgia, Lousiana y Texas) que formaron con Carolina del Sur los Estados Confederados de América, eligiendo como presidente a Jefferson Davis. Con el ataque de los confederados a Fort Summer comenzó la guerra de Secesión que duraría cuatro años y sólo concluiría con la rendición del general sudista Lee al general nordista Grant. Ambrose Bierce participó muy activamente en esta guerra que, después del ambiente familiar, fue el factor que marcó su carácter para el resto de su vida.

Durante esta contienda civil se había desarrollado una actividad política y diplomática que fue importante para el resultado final. En plenas hostilidades, el 22 de septiembre de 1862, Lincoln había proclamado la emancipación de los esclavos. La victoria de la Unión, por la que Bierce había combatido, se debió en gran medida a su aplastante superioridad numérica (veintidós millones de habitantes en el norte frente a nueve millones en el sur y de ellos tres millones y medio de personas eran esclavas). De nada valió la mejor preparación y habilidad técnica de estos últimos. La guerra de Secesión fue, además, la primera guerra moderna por el número de personas movilizadas y por los medios de destrucción empleados, sin contar las enormes posibilidades que ponía a su disposición el uso del ferrocarril para el traslado de tropas y material, del telégrafo, de alambradas y de barcos acorazados.

Terminado el conflicto se imponía una doble tarea de reconstrucción: la del sur en sí mismo y la unidad nacional de Estados Unidos. Lincoln aspiraba a la reconciliación, pues comprendía que el retorno de los sudistas al seno de la Unión sólo se lograría evitando los castigos. Pero cinco días después de acabar la guerra Lincoln fue asesinado. Sus sucesores Andrew Johnson y el general Grant no poseían sus cualidades. Tal vez por ello, la era de la reconstrucción que duró hasta 1877 (en que Bierce tenía ya treinta y cinco años) fue una etapa oscura empeorada por los republicanos radicales que exigían a los vencidos sudistas duras condiciones para ser readmitidos en la Unión. Además de tres enmiendas a la Constitución, por las cuales se abolía la esclavitud y se reconocían derechos civiles y políticos a las personas que la estaban sufriendo, los radicales republicanos lograron aprobar el Acta de Reconstrucción que permitía acceder al poder a los libertos, junto a otras personas marginadas. Con todos sus fallos, estos gobiernos no sólo emprendieron la reconstrucción material del sur, sino que dictaron leyes beneficiosas sobre enseñanza pública y asistencia social. La oposición de los blancos sudistas a la adquisición de los derechos civiles y políticos por la población negra dio origen a organizaciones terroristas, como la sociedad secreta Ku Klux Klan.

En la política general estadounidense este período está ensombrecido por el eclipse del poder ejecutivo y por la corrupción y la especulación que afectaron incluso a quienes detentaban los más altos cargos públicos. Este fenómeno se acentuó sobre todo bajo la presidencia del general Grant. Es importante tener en cuenta este hecho para comprender la profunda desconfianza de Bierce hacia los políticos y hacia los seres humanos en general, cuyas relaciones parecen reducidas, a su juicio, a un juego de intereses personales presidido por la explotación y el engaño. Pese a ello, el período que abarca desde aquí hasta el comienzo de la Primera Guerra Mundial (1914), fecha en que parece que murió Bierce, se produjo una revolución económica que afectó a todo el país, merced al descubrimiento y la explotación intensiva de valiosas materias primas (carbón, hierro, cobre, petróleo); los avances técnicos; la construcción de una densa y extensa red ferroviaria; la formación de un mercado interno de alcance continental, la acumulación de capital y el recurso a préstamos de capital extranjero. Las últimas décadas de la vida de Bierce coinciden, pues, con un liberalismo económico desenfrenado y con un estricto proteccionismo aduanero. Estados Unidos se aleja de la democracia rural soñada por Jefferson y se convierte en un país industrializado y urbanizado, con todas las consecuencias. La estandarización técnica lleva emparejada una estandarización cultural, esto es, la primera cultura de masas de la historia, canalizada a través de la prensa periódica en la que Bierce trabajó durante muchos años de su vida y a la que debe la difusión de la mayoría de sus escritos.

Mientras tanto, en el vecino México, la dictadura de Porfirio Díaz había intentado con inteligencia y energía convertir a la nación en un país ordenado y económicamente próspero. Su mayor problema era, sin embargo, la gran insensibilidad que mostraba hacia los problemas del pueblo, en contraste con su enorme sintonía con las oligarquías económicas. Las reformas, introducidas por Benito Juárez fueron siendo revocadas u olvidadas paulatinamente. Porfirio Díaz impuso un orden que los mexicanos acomodados y los extranjeros juzgaron eficaz. La policía rural («los rurales») mataban o encarcelaban indiscriminadamente a bandidos y a enemigos políticos del régimen. Las tierras comunales y las de los pueblos indios fueron cedidas a latifundistas y especuladores. La situación creó un profundo malestar que se tradujo en el Plan de San Luis en el que Francisco Madero incitó a rebelarse contra el dictador. La población apoyó la insurrección apoyados por líderes legendarios como Pancho Villa. Así consiguieron derrotar a las tropas del gobierno obligando al dictador a abandonar el poder y el país. Lamentablemente, Francisco Madero no supo mejorar la situación, ni siquiera consolidar su régimen, en parte por el asedio de los conservadores, que habían encontrado un nuevo dirigente en la persona del general Victoriano Huerta, aliado con el embajador de Estados Unidos, Henry Wilson que había fomentado una masiva inversión de moneda extranjera en la economía mexicana con la mira puesta en acentuar la dependencia política. Tras varios asesinatos, incluido el del presidente mexicano, Huerta tomó el poder aunque no logró imponer su autoridad en las vastas regiones controladas por líderes populares como Pancho Villa y Emiliano Zapata.

Finalmente, el nuevo presidente norteamericano destituyó al embajador de su país y abandonó la política de apoyo a Huerta. Las fuerzas populares recibieron ayuda de Estados Unidos, y Pancho Villa se procuró armas en abundancia al norte de la frontera, pagándolas con el ganado requisado a los ricos propietarios de México. Huerta se vió forzado a escapar y, en 1815, Carranza, a la cabeza del Partido Constitucionalista, se convirtió en presidente de la República. Es probable que Bierce, agobiado por asma, no contemplara este final. Tras haber obtenido una acreditación para entrar en México, se unió a las fuerzas populares. Tenía más de setenta y dos años, y sus momentos finales se pierden entre el caos de la guerra y la revolución. El novelista mexicano Carlos Fuentes imaginaría después la estancia definitiva de Bierce en México en *Gringo viejo,* relato que con el mismo título fue llevado al cine con un excelente Gregory Peck interpretando a Ambrose Bierce.

NOTA BIOGRÁFICA

Ambrose Gwinett Bierce vino a este mundo que tan hondamente despreció en el verano de 1842. Su familia, perteneciente a una comunidad calvinista y puritana, residía pasajeramente en Horse Cave Creek, en el condado de Meigs (Ohio), territorio entonces de frontera que infundía en sus habitantes un espíritu pionero. Arrastrada por la marea emigratoria que huía del encarecimiento de la vida en Nue-

9

va Inglaterra, la familia se adentró hacia el oeste hasta establecerse en Indiana. Eran granjeros y tenían trece hijos, aunque algunos no sobrevivieron a la infancia. Tanto en la relación con sus padres, Marcus Aurelius y Laura, como respecto al colegio donde estudio, Ambrose fue tratado con el mayor de los fanatismos religiosos. El calvinismo era una secta protestante fundada por un teólogo francés, para la cual Dios elige a los individuos que han de salvarse y los que han de condenarse, pues la depravación innata del hombre como consecuencia del pecado original le incapacita para contraer méritos. Admitía sólo dos sacramentos: el bautismo y la eucaristía, y en éste último sólo se hallaba Cristo presente «en espíritu». Esto explica la ironía de Bierce hacia los teófagos católicos que creen «comerse a Cristo» en la comunión. Una rama de esta secta fue el puritanismo inglés en el que creían muchos de los emigrantes que poblaron las colonias norteamericanas en el Atlántico. El ideal social de los puritanos era una teocracia, como la que impusieron en Massachusetts, con un clero fuerte y un control directo y total de la conducta de sus fieles. No sabemos con exactitud si la austeridad de los Bierce respondía a exigencias religiosas o constituía una imposición de la situación de pobreza en que les tocó vivir. En todo caso, el Ambrose adolescente sometido a estas torturas psicológicas e incluso físicas (los castigos corporales sancionaban cualquier desviación mínima de la norma) era, como no podía ser de otro modo tratándose de un individuo inteligente, un chico resentido contra unos padres donde había encontrado más represión que cariño, anticlerical y extremadamente crítico e irónico con todo lo que le olía a religión. Con todo, su visión determinista de la vida, su convicción de la necesidad del castigo le acompañarán toda la vida como una muestra de los estragos inconscientes de una educación religiosa. Si a ello añadimos la ausencia de todo cultivo intelectual, literario y artístico, comprenderemos que el recuerdo que guardó Bierce de su infancia fue el de una penuria extrema en todos los aspectos del término. Bierce desarrolló, pues, la imaginación como forma de escape y se interesó más por emular a sus heroicos antepasados aureolados por hazañas bélicas que a los sucios y resignados granjeros que le rodeaban incluso en Warsaw, la capital del condado donde vivían. Los refugios del futuro periodista se reducían a la serenidad de los bosques cercanos, la reducida biblioteca de su padre y el trato con su tío, el general Lucius

Verus Bierce, paladín de la cruzada antiesclavista, lo que le situaba por encima de la mediocridad social de la localidad. La fascinación por la naturaleza y el deseo de no perder nunca el contacto íntimo con ella venían a contrastar con un ideal quijotesco y un afán redentor que sólo su desconfianza en la fuerza de voluntad del ser humano le obligaba a paliar.

Con el ánimo de que la guerra, que parecía inevitable, iba a implantar un régimen basado en la justicia ingresó en el Instituto Militar de Kentucky y tras regresar pasajeramente a Indiana se alistó en el noveno destacamento de infantería. Tenía diecinueve años y acababa de estallar la guerra de Secesión, donde muchos jóvenes idealistas creían que sólo se iba a luchar por la supresión de la esclavitud. Cuatro años de exposición a la vida militar y de contacto habitual con el fallecimiento de camaradas cercanos bastaron para moldear su personalidad amargada y resentida, obsesionada con la muerte. Esta actitud de base se tradujo en dos expresiones distintas que su biógrafo MacWilliams sintetizó así: «una crítica aguda y punzante del mundo de corrupción y ausencia de valores que surgió con la caída del idealismo y, además, una crítica del propio conflicto como algo terrible». El joven militar vivió los sangrientos combates de Chattanooga, Chickamauga, Nashville y Shiloh, que acentuaron su convencimiento de que las relaciones humanas tienen siempre un aspecto bélico, siendo los períodos de paz breves treguas de la lucha universal. El terror, para él, no sólo era una creación literaria aprendida de su maestro Poe, sino una vivencia intensa donde lo absurdo y efímero de la vida se revelaba como una doctrina última que exigía pesimismo a todos sus fieles y creyentes y una fe ciega en la existencia de una mano invisible que, en nombre del destino, movía los frágiles hilos de las vidas humanas. Es de señalar que Bierce se había alistado sólo por tres meses, pero amplió su estancia en el ejército tres años, en los que actuó como topógrafo, explorador y racionero, llegando a ser lugarteniente segundo de voluntarios, lugarteniente primero y oficial topográfico para las tropas del general Williams B. Hazen. En comparación con las estrecheces económicas y las rigideces educativas de su familia la vida militar, el ambiente de camaradería y de aventurerismo cautivó el espíritu del joven soldado que siempre recordaría con nostalgia estos años, pese a los horrores de la guerra. Por primera vez se sintió respetado e incluso admirado por su arrojo y su frialdad. Hasta llegó a comprometerse con una muchacha de Indiana, Fátima Wright, aunque rompió su relación con ella cuando fue herido de cierta importancia en la montaña Kennesaw, teniendo que regresar a su casa. Estamos en 1867, Bierce tiene veinticinco años y se halla en una etapa decisiva de su vida. Un año antes, en una expedición con el general Hazen, había conocido San Francisco, el punto culminante del «lejano oeste», con su modo de vida libre y aventurero, emprendedor y encendido por la «fiebre del oro» y por el calor de las polémicas públicas que se expresaban en la prensa periódica. Fue tal vez el afán de Bierce por intervenir en tan acalorados debates lo que le decidió a escribir en el *San Francisco News Letter,* donde tuvo una columna fija que firmaba con el nombre de «pregonero». Aquí empezó a encontrarse a sí mismo y a dar un sentido a su vida que no le había suministrado su anterior trabajo en la casa de la moneda en Alabama ni sus viajes a Panamá y a Nueva Orleans. California es en estos tiempos su gran esperanza y donde empieza a escribir poesías, relatos breves, ensayos y artículos que aparecen en diarios locales como *Californian* y *The Golden Era.* Estos primeros trabajos eran realmente proclamas contra la hipocresía que sonaban bien en el clima de un estado que, desde los estados con poblaciones mayoritariamente puritanas, era considerado «hereje».

Durante estos años en San Francisco Bierce entabló relación con James Watkins, periodista inglés, que le instruyó en las reglas de la literatura periodística, constituyendo para él una orientación profesional reconocida. Concretamente, nuestro autor desechó desde el primer momento tanto el realismo imperante en ese momento, como un eco de los gustos europeos, como la ficción regionalista, tan pintoresca como corta de miras. Por el contrario, su referencia literaria es aquí el Mark Twain de sus años de periodista con sus narraciones satíricas como *La célebre rana saltarina del distrito de Calaveras.* Bierce escribe sus *Artículos canosos* y un primer relato: *El valle preferido.* Precisamente el día de Navidad de este año, 1871, contrae matrimonio con Mery Ellen Day, hija de un rico minero, llamada en familia Mollie. Tras una breve estancia en San Rafael, su suegro le ayudó económicamente para que viajara con su esposa a Londres y se instalara allí. Su breve estancia de tres años le brindó el período más feliz y próspero de su vida. Su elegancia y su ingenio encantaron a los ingleses y pronto pudo escribir para *Fun* y *Figaro*, además de actuar como corresponsal para el *Alta California* de San Francisco. Vivieron en Bristol y en Bath, tuvieron un hijo, Day, y viajaron con la madre de Mollie a París. Con el pseudónimo de Dod Grile publicó dos libros de esbozos y epigramas que tituló *Las delicias del Diablo* y *Pepitas y polvo extraídos de California*. Al año siguiente, 1874, publicó las fábulas contenidas en *Telarañas de una calavera vacía* e hizo colaboraciones para *The Lantern*. Vivían en su tercera residencia de Inglaterra, Leamington, y allí nació su segundo hijo, Leigh. Pero poco después Mollie, embarazada de una niña, abandonó a su esposo y regresó a California con sus hijos. Las cargas familiares, el carácter de su esposo y la inadaptación a la sociedad inglesa pesaron en su decisión. Bierce la seguiría meses después tomando una decisión dolorosa que le obligaba a abandonar esa «tierra prometida» que fue para él Inglaterra, regresó a San Francisco con su familia. Ya había nacido su hija Helen, pero el humor del periodista se había hecho más amargo y más mordaz, como pudo translucir al ser nombrado redactor del *Argonaut*, donde inauguró su página «Cotilleos». Parecía que ese destino en el que creía, le había predestinado a seguir trabajando como periodista y editor, pues intentó trabajar como agente de una compañía extractora de oro en Dakota, pero ésta quebró y su director acabó en la cárcel de Sing Sing como culpable de estafa y de corrupción. Hubo de volver a San Francisco y dirigió *Wasp* («La avispa»), un nombre que cuadraba bien a la literatura picante y ofensiva de nuestro autor. En estos meses da a conocer su *Mapa de la región de las Colinas Negras* (nombre del lugar donde había estado su compañía minera) y los recopilados en *La danza de la muerte*, así como una serie de definiciones satíricas que fueron el embrión de su *Diccionario del Diablo*.

Cuando se entera de la muerte de sus padres, el «amargo Bierce», como le llamaban en Londres sirviéndose de la similitud fonética de su apellido con el término inglés *bitter* («amargo»), ni siquiera derrama una lágrima por aquellos «sucios salvajes» a quienes el fanatismo religioso les impedía sentir afectos. Entre 1881 y 1889 Bierce vivió en nueve localidades distintas buscando en los espacios abiertos el aire puro que necesitaba para aliviar su asma. En estos años conoce al magnate de los periódicos norteamericanos del momento, William Randolph Hearst que le invitó a colaborar en el *San Francisco Exa-*

miner. El periodista encuentra en esta tribuna el lugar idóneo desde el que derrochar su desprecio hacia los magnates locales y nacionales y hacia los escritores de poca monta, hasta el punto de convertirse en el crítico literario por excelencia de toda la costa oeste.

Sin embargo, los éxitos profesionales no se compaginan con la felicidad matrimonial. Mollie sospecha de sus constantes cambios de residencia y de su vida en hoteles situados en montañas apartadas y de difícil acceso; temiendo que su esposo le es infiel, Mollie le abandona. Ambrose ha de enfrentarse solo a la enfermedad y a la muerte prematura y absurda de sus dos hijos varones: Day caído en un estúpido duelo por motivos amorosos y Leigh víctima del alcohol. Estamos en 1888; en 1905 la separación de la pareja desemboca en el divorcio, el mismo año de la muerte de Mollie. Con todo, Ambrose confesará a su hija Helen que su madre era la única mujer a la que realmente había querido.

Precisamente en estos años de dolor escribe los relatos breves que le concederán un puesto en la historia de las letras americanas: *Un suceso en el puente sobre el río del Búho* o *La muerte de Halpin Frayser.* En 1897 le encontramos trabajando para *Hearst* en Washington. Aquí publica *El vocabulario de un cínico,* primer título del *Diccionario del Diablo.* En una estancia en San Francisco da a conocer sus *Fábulas fantásticas.* Antes había agrupado los cuentos aparecidos en diversos diarios en un volumen que tituló: *Relatos de soldados y de civiles;* editado *Escarabajos negros en ámbar,* un título que parece más apropiado para una narración fantástica al estilo de Poe que para un libro de poemas; y traducido, en colaboración con un amigo dentista, Gustav Adolph Danziger, a partir de un original en alemán, *El monje y la hija del ahorcado.*

Cuando el siglo se acaba se instala en Washington y frecuenta el *Army and Navy Club,* donde se reúne con militares. Carrie Chistiansen se convierte en su enfermera y en su secretaria. *¿Pueden suceder tales cosas?,* es otra colección de relatos que contribuye a asentar la fama de Bierce, junto a *Figuras de arcilla,* otro libro de poemas. En 1908 empieza a recoger sus *Obras completas,* que empiezan a tomar cuerpo cuatro años después, mientras hace planes para viajar a Sudamérica atravesando México. Sabemos que a primeros de octubre de 1913 Ambrose Bierce hizo un viaje al pasado: recorrió enfermo y a solas los campos de batalla de su juventud. Aún le parece escuchar el estruendo de la guerra en parajes que ahora son plácidos terrenos habitados por gentes pacíficas. En México, por el contrario, arde la revolución. Bierce obtiene una acreditación que le permite atravesar la frontera de El Paso para pasar a Juárez y desde allí llegar hasta Chihuahua. El día de Nochebuena de 1913 envía dos cartas donde expresa su deseo de ir a Ojinaga para unirse a las tropas de Pancho Villa.

Para un hombre de sesenta y dos años y con asma crónica que apenas le deja respirar es como una muerte buscada. Tal vez pretendía morir en el campo de batalla junto a hombres que luchaban por la justicia y la libertad. Nadie ha sabido aclarar nunca las circunstancias concretas de su muerte. Pero ciertos autores mexicanos como Juan Rulfo (con su uso metódico y sugerente de la lengua) y Carlos Fuentes (con el relato novelado de sus últimos días) parecen haber rendido un tributo literario a la desaparición de Bierce, el «amargo», emplazado a morir como su homónimo en el romance de García Lorca.

OBRAS

Aunque el autor trató de agrupar sus obras repetidas veces su edición más numerosa es posterior a su muerte. Está dividida en doce volúmenes que corresponden a los siguientes títulos: *Cenizas del fanal* (fábulas, utopías, etc.), *En mitad de la vida* (relatos breves), *¿Pueden suceder tales cosas?* (relatos breves), *Imágenes de arcilla* (poesía), *Escarabajos negros en ámbar* (poesía), *El monje y la hija del ahorcado* (traducción de cuentos, fábulas), *Diccionario del Diablo* (ensayos, epigramas), *Cuentos tangenciales* (relatos breves, ensayos, epigramas), *Visiones tangenciales* (artículos, ensayos), *Antepenúltimo* (ensayos) y *Miscelánea* (ensayos sobre zoología y otras materias). Posteriormente, B. C. Pope publicó una colección muy completa de sus cartas, que arroja luz sobre algunos aspectos de su compleja personalidad.

En la edición que publicó la Librería Moderna de Nueva York, en 1927, sus relatos aparecen agrupados según una división a la que puso nombre el autor: *Cuentos de soldados y de civiles*. Entre los *Cuentos de soldados* suelen incluirse: *Un jinete en el cielo, Un suceso en el puente sobre el río del Búho, Chickamauga; Un hijo de los dioses, Uno de los desaparecidos, Caído en Resaca, El golpe de gracia;*

Parker Adderson, filósofo, El asunto de un puesto avanzado, Historia de una conciencia, Un tipo de oficial, Un oficial, un hombre, George Thurston, y *El sinsonte.*

Entre los *Cuentos de civiles* se incluían: *El hombre que salió de la nariz, Una aventura en Brownville, El famoso Gilson Bequest, El aspirante, El hombre y la serpiente, Un terror sagrado, Los ambientes adecuados, Una dama con un caballo rojo, Los ojos de la pantera, El camino a la luz de la luna, Un tarro de almíbar* y *El maestro de Moxon.*

Por último, en la colección titulada *¿Pueden pasar tales cosas?*, además de algunos de los relatos ya citados se incluían: *Mi asesino favorito, Un oficial, un hombre, Incidente en Brownville, Júpiter Doke, general de brigada, El secreto del barranco Macarger, El relato del intendente, Una clase de oficial, Un naufragio psicológico, El viudo Turmore, Tres episodios de la vida de un valiente, El ámbito de lo irreal, Algunas casas encantadas, Cuerpos de la muerte, Desapariciones misteriosas* y *El paseo de un niño.*

Con esta incompleta relación puede hacerse idea el lector del contenido de la publicaciones de Bierce, donde lo real se mezcla con lo fantástico y los recuerdos de la guerra se intercalan con cuentos macabros que podía haber firmado Poe. Cabe pensar, naturalmente, que la elección del relato breve como forma primordial de expresión literaria está condicionada por la incapacidad del autor para crear novelas de gran extensión, como las que habían sabido de la pluma de Stendhal, Balzac, Hugo o Flaubert, o por las limitaciones impuestas por los espacios disponibles en la prensa diaria, que exigían relatos de corta extensión para mantener la atención del público. De esta necesidad o por encima y al margen de ella nació, sin embargo, una teoría literaria, a la que Edgar Allan Poe dio forma, por estar condicionado tal vez por las limitaciones gráficas de los diarios. Baudelaire condensó en pocas palabras esta postura en su traducción francesa de muchas obras de Poe: Frente a la novela, «el relato, más restringido, goza de los eternos beneficios de la retención: su efecto es más intenso; y como el tiempo consagrado a la lectura de un relato es mucho menor que el necesario para la digestión de la una novela, nada se pierde de la totalidad de ese efecto».

Ciertamente, la novela y el cuento (término que deja de hacer referencia exclusivamente a la literatura infantil para pasar a designar una relato de dimensiones reducidas) estaban destinados a ser el gran género literario de la época moderna, al menos en cuanto a los gustos del público se refiere. Este género había experimentado, además, una evolución (que se inició tardíamente en el siglo XVIII) que iría del mero hilván de episodios y aventuras (o de la defensa de una tesis ilustrada con una anécdota) a una narración basada en el análisis psicológico de los personajes que intervienen en la acción dramática o, por decirlo con una afortunada fórmula de Carles Riba, a «un juego concomitante de psicologías en movimiento». Baudelaire extendió el acta de la amplitud ilimitada de la narrativa. «La novela y el relato tienen el privilegio de una flexibilidad maravillosa. Se adaptan a todas las naturalezas, abarcan todos los temas y persiguen, a su antojo, objetivos diferentes. Ya la búsqueda de la pasión, ya la búsqueda de lo verdadero, esta novela habla a las multitudes, esta otra a los iniciados; ésta evoca la vida de épocas desaparecidas y aquélla los dramas silenciosos que se representan en un solo cerebro. La novela, que ocupa un lugar tan importante, junto al poema y la historia, es un género bastardo cuyo dominio verdaderamente no tiene límites. Como muchos otros bastardos, es un niño mimado de la fortuna, no sufre más inconvenientes y no conoce otros peligros que su infinita libertad».

Por otra parte, el realismo, como reacción frente al romanticismo, defendió la consideración formal y conceptual de lo objetivo ante los excesos del subjetivismo. Esta vía desembocó pronto en el naturalismo, con el que se fundió en no pocos de sus supuestos estéticos, evolucionando hacia la tesis de que el objetivo primordial de la literatura es la interpretación crítica o dialéctica de unos determinados hechos sociales. Algo de esto hay en el Bierce fustigador de la hipocresía social y religiosa de sus conciudadanos desde la tribuna pública de un diario. Sin embargo, hay que hacer aquí una importante precisión: el tipo de relatos excesivamente localistas y referidos a situaciones efímeras, como los que había alabado Samuel Clemens, no tenían, para Bierce, la altura y la intemporalidad que él considera esenciales en la obra de arte. En paralelo con Poe, Bierce creyó siempre que «el relato corto es una forma de expresión más literaria que la novela por su peculiar orientación hacia el poder que poseen las palabras, o que liberan o generan, por encima de su mera función mimética y explicativa». La preocupación por el efecto que el relato había de causar en el lector le lleva a desatender la crudeza aparente de la exposición y la falta de tratamiento de los materiales presentados. Aquí la crónica de urgencia del periodista se confunde con los relatos breves en su estilizada exposición y se renuncia a los adornos literarios. A lo sumo, queda en el ambiente un espíritu fantástico, extraordinario, absurdo, irracional, aunque formando algo inherente a la realidad misma, y un sabor punzante de sátira que algunos críticos han comparado con Luciano y con Juvenal, y otros con autores más cercanos a Bierce como Swift, el genial fustigador de las costumbres modernas recurriendo al relato puramente fantástico de los viajes de Gulliver.

Valga esta última comparación para señalar que Bierce se opuso siempre a los objetivos del realismo. Por un lado, su rechazo de la novela, género por antonomasia del realismo, y de la moralina unida a su concepción. Bierce escribirá incluso un ensayo sobre la novela para matizar su postura y defender frente a ésta lo que él llamó el romance, término no muy acertado por su ambigüedad pues a su campo semántico pertenecen el relato sentimental y amoroso, lo pintoresco, aunque también lo soñado, lo fabuloso, lo fantástico. Escribe Bierce: «El escritor de romances no se ve limitado en ningún sentido por las expresiones personales del lector. Puede representar la vida no como es en realidad, sino como pudiera ser; a los personajes no como los encuentra en el mundo, sino como él quisiera que fueran». Y concluye: «Mientras la novela es accidental y pasajera, el romance es esencial y permanente». Nuestro autor está recogiendo aquí ideas que Hawthorne había expuesto en el prólogo de *La casa de los siete tejados.* Ambos procedían de círculos puritanos, dirigieron revistas populares, escribieron relatos breves y denunciaron la hipocresía de las sociedades represoras. *La letra escarlata,* novela de éste último, llevada al cine con acierto, es un ejemplo claro de análisis del sentimiento de culpabilidad en el alma humana. Pero la mención de Poe se hace aquí realmente indispensable, pues él, tres décadas mayor que Bierce, representa, por primera vez en Estados Unidos, al escritor en la acepción más precisa y completa de este término. Efectivamente, Poe es uno de los artistas más lúcidos del romanticismo, narrador, poeta, crítico agudísimo y sorprendentemente informado, teórico sutil y penetrante, y llevó a cabo una obra con una precisión casi sistemática que no enmascara su intuición y poderosa fantasía y que mantiene su valor al margen de las modas.

Bierce, que nunca alcanzó la talla de Poe, fue consciente del peligro al que se enfrentaba al expresarse literariamente en un género que se ubicaba entre lo real y lo imaginario, sobre todo en unos años en que el público gustaba del arte «directo y verdadero» de la novela. Pero él estaba firmemente convencido de que el hiperrealismo y el surrealismo eran las únicas vías por donde podía accederse a las verdades últimas de la existencia humana. No creo que sea excesivo decir que en este punto se adelantó al realismo mágico de la literatura latinoamericana de hoy, donde unas imágenes inquietantes fuerzan al lector a participar en la reconstrucción de la historia o incluso a rematarla, pues el narrador nos obliga a completar la ausencia de ciertas informaciones y a proyectar en el relato nuestras propias expectativas. De este modo Bierce cumplía con lo que consideraba que era «uno de los aspectos más destacables de la literatura»: «suscitar interés en el lector». Poe había cubierto ese objetivo recurriendo al suspense, pero su predilección era realmente la narración fantástica donde exploraba lo «sobrenatural» con la ayuda de detalles científicos y de sueños y alucinaciones espoleados por el alcohol. Los cuentos del alemán Hoffmann, llevados incluso a la ópera, eran el horizonte que abarcaron otros autores americanos del momento como Irwing (el creador de los famosos *Cuentos de la Alhambra),* Hawthorne (con sus *Cuentos dos veces contados)* y el propio Bierce. Henry James convirtió también los relatos cortos en auténticas obras de arte y Stephen Crane escribió cuentos en los que, igual que Bierce, abordó los problemas de la pobreza, la guerra, la crueldad y la muerte.

Establecidos esos parámetros, hay que consignar la dificultad de etiquetar a Bierce dentro de una corriente concreta. Potencia la imaginación, lo que le acerca al romanticismo, pero esa facultad le permite definir el realismo de un modo muy personal, como puede comprobarse en su *Diccionario del Diablo.* Allí, escribe en la definición de «realismo»: «El arte de describir a la naturaleza vista por un sapo. El encanto deslumbrante de un paisaje pintado por un topo o una historia escrita por un gusano agrimensor». En este aspecto, el narrador no es un espejo que refleja fielmente lo exterior: su visión implica subjetivismo e introspección: Por eso conviven en Bierce la inspiración romántica y el método realista.

Lógicamente, los ingredientes no intervienen siempre en la misma proporción. Hay relatos, sobre todo los contenidos en el conjunto de los *Soldados,* donde abundan los detalles, la verosimilitud y una precisión fotográfica. Pero hay otros donde las características de la denominada «tradición gótica» marcan su clara impronta: empleo de estados psicológicos anormales y de la distorsión psíquica que simboliza la situación interior del protagonista y la preferencia por emociones y sentimientos tales como el miedo, el horror, la culpa, la ingenuidad y el desengaño amorosos. Aquí, como dice Wiggins, «el alma es la protagonista del drama». Valga, en consecuencia, decir que Bierce profesó un eclecticismo que le llevó a desarrollar el mundo macabro de la visión fantástica de Poe, escribiendo relatos sorprendentemente realistas que exploran las zozobras de la mente del personaje, de forma que la ficción combina en su caso elementos románticos, realistas y modernistas.

Sin embargo, no sería aquí correcto hablar de eclecticismo sin exponer una importante precisión. Pues eclecticismo implica el intento de conciliar diversas corrientes o teorías escogiendo los elementos de éstas que parezcan mejores. En la época de Bierce existía una completa red de teorías y corrientes literarias que acabará desembocando en el simbolismo y, a principios ya del siglo xx, en las tendencias surrealistas. Los simbolistas harán acopio de las sensaciones experimentadas y plasmadas por los románticos. Pero el frente que opone el simbolismo al determinismo mecanicista de la época es una fusión de lo imaginario y lo real, de las sensaciones externas y el mundo interior, no como una dicotomía superada a la fuerza, sino como la expresión de una unidad donde conviven elementos aparentemente contrarios. Bierce había ido transformando su actitud mediante la lectura de las novelas góticas, la poesía romántica y los ensayos que habían en la biblioteca de su padre. Allí conoció los cuentos alemanes, tembló con Poe y se entusiasmó con «los cuentos de fantasmas» que le descubrió Emma Frances Dawson. Posteriormente Bierce desarrolló su vena satírica, indispensable en el mundo del periodismo del momento, como hemos señalado antes. Naturalmente, todas estas influencias fueron recreadas por una personalidad tan singular e incisiva como la de Bierce. Su estilo propio se hace más patente, por ejemplo, si examinamos la influencia que ejerció en autores posteriores. Es el caso de Jorge Luis Borges cuyo relato *El milagro secreto* presenta similitudes sorprendentes con algunos de Bierce. Lo mismo cabe decir de los relatos de Julio Cortázar *La noche boca arriba* y *Axolotl*. Más sorprendente es la sombra proyectada por Bierce en Japón, pero por sus temas, su enfoque, su argumento y su estructura interna, es difícil no ver a Bierce en algunos cuentos de Ryunosuke Akutagawa, como el titulado *El bosquecillo*. Algunos críticos han visto también la deuda de Dylan Thomas con el esquema psicológico de Bierce, y la de Chambers y Lovecraft en lo que a la literatura fantástica se refiere. Sin embargo, en contraste con las traducciones de Bierce al alemán y con el interés que han mostrado sus filósofos hacia el autor norteamericano su descubrimiento en España ha sido un fenómeno reciente pero creciente desde que en 1973 se editó una versión castellana de los *Relatos insólitos*.

Es importante señalar que buena parte del éxito de Bierce, una vez que han desaparecido las circunstancias concretas que motivaron las críticas punzantes, se debe a su extraordinario ingenio para introducir bruscamente el misterio en el contexto de la vida diaria, que se ve trastocada por las pesadillas y los delirios que generan las patologías psicológicas. Lovecraft decía que lo que singulariza a una obra fantástica es la recreación de una situación y un ambiente reales y el poder de que dispone para suscitar una emoción intensa, especialmente de miedo. Así, una situación habitual y monótona se convierte insospechadamente en fuente de inquietud. Es lo que consiguió Alfred Hitchcock en su película *Psicosis* convirtiendo el acto de tomar una ducha, acción habitual y relajante, en una situación de terror. Por otra parte, Bierce, tan anticlerical e irreligioso como hemos señalado, no tiene empacho alguno en concebir el hecho fantástico como la consecuencia de una ruptura de las leyes que rigen la naturaleza, mediante la introducción de algo «externo» a dichas leyes que termina perturbando al personaje y al lector. Si estos fenómenos pueden ser explicados sin alterar las leyes de la realidad el relato pertenece al género de lo extraño. Por el contrario, si el lector estima que es preciso admitir nuevas leyes para interpretar lo sucedido, entramos en el ámbito de lo maravilloso. Esta distinción que tomo de Todorov, permite afirmar que lo fantástico, más que un género autónomo, parece situarse en la frontera de dos géneros, lo extraño y lo maravilloso. Atendiendo a la secuencia que propone Todorov, lo fantástico puro se situaría entre lo fantástico extraño y lo fantástico maravilloso.

En todo caso, la narrativa fantástica en general implica la adopción de una actitud antirracional, un deseo de explorar el lado oculto del alma, el poso que la experiencia de la vida ha ido dejando en el inconsciente de las personas y que, inesperadamente, aflora y se traduce en manifestaciones que asombran incluso al sujeto en cuestión. Este se defiende ante ellas alienándolas, esto es, no reconociéndolas como propias, considerándolas como la presencia de algo sobrenatural y misterioso. El alcohol y la droga fueron recursos imprescindibles en estas introspecciones como motivo de excitar o despertar dimensiones del cerebro que parecían aletargadas. Poe es sin duda el maestro de tales experiencias, y Baudelaire lo atestigua con pasión: «Ningún hombre, lo repito, ha narrado con más magia que Poe las excepciones de la vida humana y de la naturaleza; la alucinación dejando al principio lugar a la duda, bien pronto convencida y razonadora como un libro; el absurdo instalándose en la inteligencia y gobernándola con una lógica espantosa; la historia, usurpando el sitio de la voluntad; la contradicción establecida entre los nervios y el espíritu, y el hombre dislocado hasta el punto de expresar el dolor mediante la risa».

Volviendo a Bierce, y por poner un ejemplo, su relato sobre *La muerte de Halpin Frayser* es una mezcla de ensueño y vigilia, donde el protagonista es asesinado por el fantasma de su madre. Su muerte es real, pero la explicación que de esa muerte se da a sí mismo el sujeto en cuestión pertenece quizás al lenguaje onírico, por el que comprende que se trata de una venganza que parte de su madre por el incesto al que le sometió su hijo. En otros relatos el sueño tiene un carácter premonitorio. Un cazador, pongamos por caso, oye en una cabaña desierta los quejidos de una moribunda y sólo años después se entera que en ese lugar fue asesinada un mujer y que el matrimonio asesino corresponde a las personas que había visto en su sueño. Tal era *El secreto del barranco Macarger*. En *El camino a la luz de la luna* el fantasma de una mujer asesinada intenta comunicarse con su esposo y su hijo para mostrarles su cariño. Otras veces Bierce proyecta su obsesión por el momento concreto de la muerte y plantea la posibilidad de predecirlo. No faltan incluso en sus obras fantasmas de animales, como el perro Terranova que se aparece al asesino de su amo. En suma, como puede ver el lector, Bierce recurría a la intervención de fantasmas para restablecer la justicia o para satisfacer las necesidades de afecto de los supervivientes. A medio camino entre los ángeles justicieros y las hadas bondadosas, los fantasmas de Bierce vagan por sus relatos no tanto para inspirar miedo sino, más profundamente, para hacer que el lector tome conciencia de que tales apariciones son los signos exteriores y visibles de miedos inconscientes que afloran del interior del psiquismo humano, miedo que en muchas ocasiones son sentimientos de culpa por actos que han quedado impunes. Un relato modélico de esto se refiere a una madre y dos hijos que vuelven a vengarse del esposo y padre que les asesinó.

Atención especial merece el interés de Bierce por la transmigración de las almas, que le lleva en algunos relatos a sustituir la visita del fantasma por la encarnación de un ahorcado en el cuerpo de uno de sus descendientes o por la desaparición misteriosa de personas cuyas huellas analiza el autor con la precisión del policía que investiga un caso. Naturalmente, la intervención de fantasmas se complementa con el acceso de personas al más allá en el momento de morir y cuyas experiencias nos transmite un medium. Aunque en muchas ocasiones Bierce prefiere ofrecer explicaciones lógicas y racionales a fenómenos aparentemente sobrenaturales. Por ejemplo, el terror hacia lo sobrenatural puede ser el causante de ciertas muertes o la transformación de una mujer en pantera puede estar provocada por su locura real o imaginaria para rehuir una boda no querida. Otras veces el miedo a un cadáver puede incitar a creer que se mueve o una serie de acontecimientos extraños pueden ser fruto de la hipnosis que ejerce un hindú sobre el aterrado protagonista. Bierce tocó un amplio repertorio de temas de esta índole, desde las «sensaciones ultrasensoriales» que experimentan dos gemelos idénticos hasta las deidades de los bosques que se aparecen a un pobre pastor, pasando por la historia de un autómata que acaba asesinando a su creador. Esta breve presentación de argumentos puede dar al lector una idea aproximada del mundo fantástico de Ambrose Bierce, mucho más allá del personaje desengañado, cínico y pesimista que se trasluce en las definiciones del *Diccionario del Diablo*. No sería cierto, sin embargo, considerar que nuestro autor se evade en un mundo de ficciones para no afrontar problemas domésticos y cotidianos. Cualquier lector de Bierce comprobará que éste se interesó extraordinariamente por las relaciones familiares, tanto las de pareja como las de padres e hijos; por problemas sociales como el racismo, la marginación, la incompetencia laboral o los horrores de la guerra; y, sobre todo, por las virtudes y los vicios más característicamente humanos, como el respeto, la fidelidad, la curiosidad, la valentía, el sentido del deber, la injusticia, el sentimiento de culpa, el remordimiento y la codicia. Muchas veces los fenómenos de la naturaleza no son sino el símbolo externo de un caos psicológico que se manifiesta en la tormenta o en el mar embravecido. Si tenemos en cuenta la portentosa capacidad fabuladora de Bierce, entenderemos por qué sus críticos más recientes, como Grenander o Davidson, han preferido estudiar sus complicadas técnicas y sus recursos narrativos, dejando de lado la obsesión de otras épocas por explicar su obra en función de los incidentes más destacables de su biografía. Se trata, por ejemplo, de captar el ingenio y la originalidad de sus relatos, sin mencionar inevitablemente la austera disciplina de su familia o las cicatrices que le produjo su etapa en el ejército. También se ha revelado infructífero el intento de etiquetar a Bierce dentro de las modas literarias de su tiempo (regionalismo, realismo,...), pues el autor transgrede constantemente los cánones establecidos por esos modelos. Por eso, Stuart Woodruff explica que «la combinación de un realismo exhaustivo y de una extravagancia romántica, que ha vuelto loco a más de un crítico al intentar clasificar sus relatos, tienen su sentido a la vista de lo que él pensaba sobre la literatura». Para Woodruff, la grandeza y la singularidad del arte de Bierce se deben a la tensión que surge en el mismo al superponerse técnicas periodísticas muy fieles a la realidad a su concepción romántica de la literatura. Las aportaciones a la literatura desde Bierce a nuestros días nos han permitido utilizar unas técnicas de análisis que nos ayudan a entender muchas ideas revolucionarias sobre la vida y el arte que Bierce plasmó en sus relatos. Lo extraordinario es que la distancia estética que hoy le separa de sus lectores, muy lejos de la proximidad que mantuvo con los de su época, no merman «eficacia» a sus escritos. Estos no sólo siguen siendo un reto para el lector, sino que continúan incorporándole a un debate constante y obligándole a dar respuesta a las cuestiones abordadas y, sobre todo, a las actitudes y vicios fustigados con un ardor todavía vivo.

Bierce empezó a publicar definiciones de palabras que empiezan por A, en lo que llamó primero *Diccionario del demonio,* durante una fecha relativamente temprana: el 11 de diciembre de 1875. Tenía treinta y tres años y colaboraba en el *San Francisco News Letter.* Pasaron seis años sin que el autor diera a conocer nuevas definiciones. Fue en *Wasp* («La avispa») el 5 de marzo de 1881. Su intención con estas definiciones era ser ingenioso y ocurrente, no humorista, al tiempo que sorprendía a sus lectores y les «mejoraba». Tal vez pretendía ejercer la misión de Sócrates con sus paisanos cuando se comparaba con un tábano molesto que aguijoneaba a un caballo noble pero perezoso. En el proceso fustigó las creencias erróneas y extravagantes y los actos de locura y de hipocresía más comunes entre los personajes famosos de la época. Para ello, utilizó diversos estilos: pedante, poético, narrativo, académico, científico, sensiblero, plagado a veces de guiños y de sobreentendidos.

Las definiciones publicadas en *Wasp* llegaron a la letra L, inclusive, en 1886, fecha en que el autor abandonó esta publicación para trabajar en el *San Francisco Examiner.* Continuó publicando en su nuevo diario estas definiciones agrupadas ahora bajo el título de *Diccionario de un cínico* y luego *Vocabulario de un cínico,* así como en otras publicaciones como *The Examiner.*

Abandonado el nuevo título, que no agradaba a Bierce, y recuperado el primitivo, *Diccionario del Diablo* se convirtió en el volumen siete de sus obras en doce tomos que de 1909 a 1912, esto es, dos años antes de su presunta muerte, le publicó su amigo Walter Neale. El autor revisó las definiciones ya publicadas, introdujo otras nuevas recogiéndolas de sus columnas periodísticas y completó la obra hasta llegar a la Z. *Diccionario del Diablo* se convirtió pronto en la obra más popular de Bierce, excepción hecha de media docena de sus relatos más impresionantes sobre recuerdos de la guerra civil. Las respuestas de los lectores a sus «diabólicas» definiciones fueron desde la protesta indignada hasta la sonrisa malévola. Realmente el libro aborda con cierta amargura y pesimismo temas relativos a la religión establecida, el idealismo, el amor, y el matrimonio, el comercio, la educación, la corrupción, la ciencia, la filosofía, la literatura, y muchos otros. Las armas de Bierce son la burla grotesca, la inventiva sádica y el humor negro. Puede leerse de un tirón o abrirlo al azar para dejarse sorprender por la retórica afilada de Bierce. Algunas de estas definiciones han sido omitidas de esta edición porque hacen referencia a temas muy locales o a personajes de la época, cuya identificación hubiera exigido abundantes notas a pie de página, perdiendo la vitalidad y el sentido que tuvieron en su momento. Pero la mayoría resultan sumamente actuales porque los defectos y los vicios fustigados siguen vigentes. También es de actualidad un libro como el presente, dividido en lacónicos párrafos que imitan el estilo de un diccionario (de ahí su gracia), pues responde a los gustos de hoy por un saber fragmentado y aforístico, que rehuye voluntaria y conscientemente la exposición sistemática y coherente. Por si fuera poco el libro está salpicado de breves anécdotas que amplían la dureza de la definición e ilustran las ideas del autor. Con todo ello Bierce pretendía «iluminar a aquellas almas que prefieren el vino seco al dulce, la razón al sentimiento, el ingenio al humor y el idioma inglés culto y pulido al habla coloquial».

Reproduzco las palabras de los editores explicando por qué cambiaron el título de la obra *(Vocabulario de un cínico* en lugar de el *Diccionario del Diablo):* «el autor se vio obligado a ponerle con anterioridad este título más respetuoso debido a los escrúpulos religiosos del último periódico en cuyas páginas aparecieron algunas de las definiciones, con el resultado lógico de que cuando por fin salió en forma de libro, el país ya se había visto inundado por los escritos de sus imitadores que ya habían sacado más de veinte libros cínicos: *El cínico esto, El cínico lo otro* y *El cínico lo de más allá.* La mayoría de estos libros eran sencillamente estúpidos aunque algunos de ellos se caracterizaban además por la ineptitud de sus autores. Gracias al esfuerzo de todos ellos, la palabra cínico ha caído en tal desprestigio que todo libro que la contenga en su título tiene pocas posibilidades de ver la luz».

Por otra parte, periodistas, ensayistas y humoristas habían entrado a saco en las definiciones de Bierce para intercalarlas en sus escritos, considerando acaso que lo publicado en la prensa diaria es como una especie de saber popular, no sometido a los derechos de autor. La cosa llegó a tal extremo que Bierce se vio forzado en el prólogo de su libro a reclamar la autoría de todas sus definiciones ante sus lectores, temiendo exponerse al sarcasmo de ser acusado de plagio.

El diccionario, como catálogo por orden alfabético de las voces de una lengua con sus definiciones e incluso con sus equivalencias en una o en otras lenguas, constituye un género tan antiguo que en Nínive se descubrió una serie de tabletas de arcilla inscritas en columnas de caracteres cuneiformes, que data de la época de Asurbanipal. Hacia el siglo v antes de Cristo se escribieron diccionarios en sánscrito, entre ellos léxicos de botánica, medicina y astronomía. Terminaron adquiriendo un carácter especializado, como en el caso de las *Palabras homéricas* que escribió el sofista Apolonio, cuyo sentido puede entenderse mejor si recordamos que los poemas épicos de Homero constituían para los griegos un compendio de sus valores e ideales, por lo que se convirtieron en puntos de referencia indiscutibles en la educación de niños y jóvenes. Dando un gran salto en el tiempo, cabe referirse al *Diccionario filosófico* que publicó Voltaire en 1726 y que, pese a su título, representa una propuesta polémica y combativa contra la religión, la Biblia, los milagros, etc. El género daba la posibilidad de ofrecer definiciones sin preocupaciones de exhaustividad y sin la necesidad de integrar la exposición en un saber sistemáticamente expuesto. Podía ser, incluso, una colección de aforismos, esto es, de sentencias breves y doctrinales que se proponen como orientación en la vida o como dardos lanzados hacia opiniones compartidas sin objetividad alguna, prejuicios fanáticos o verdades tenidas por inamovibles porque sobre sus acepciones comunes se articula la organización de la vida en sociedad.

Salvando las distancias, cabe decir que en este último aspecto la invención de Bierce viene a coincidir con la denuncia de los «ídolos», que, según Francis Bacon, obnubilan las mentes de los hombres. Se dividirían en cuatro grupos. Los primeros pertenecen a la naturaleza misma del hombre y responden a la falsa creencia de que el mundo es como el hombre lo percibe. Junto a estos ídolos están los relativos al temperamento y las disposiciones singulares de cada individuo. Los terceros son los ídolos «de la plaza pública», esto es, los errores que tenemos por verdades y que provienen de la sociedad en que vivimos, del trato con los demás: son mentiras colectivas que ayudan al grupo a cohesionarse y a conferir seguridad a sus miembros. Los últimos son los ídolos en los que cree la ciencia y la filosofía, ídolos, como hace ver Bierce, que se contradicen o que incurren en círculos viciosos donde ciertos términos sólo se explican haciendo referencia a otros o viceversa. El «Diccionario» de Bierce tendría también el sentido iconoclasta de denunciar a estos falsos dioses con la ingenuidad del niño del cuento cuya inocencia primitiva le llevó a gritar espontáneamente que el rey cuyos presuntos ropajes todos alababan para no ser tenidos por necios, iba desnudo.

Desde otro punto de vista, la obra que el lector se dispone a conocer responde al arte del aforismo. Buena parte del saber práctico (lo que Kotarbinski dio en llamar «praxiología») de los pueblos antiguos ha llegado a nosotros bajo la forma de sentencias, constituyendo una sabiduría gnómica que en la Grecia clásica representó un estilo literario propio. El carácter práctico, sustancioso y breve de estas sentencias facilitó su memorización asegurando así su supervivencia histórica. Los «psicólogos» llamados «moralistas» en la Francia de los siglos XVII y XVIII recurrieron también a este género. La Rochefoucauld, La Bruyère y Vauvenargues influyeron en la filosofía posterior más que muchos pensadores que crearon sistemas. Nietzsche es un ejemplo notable no sólo por el estilo aforístico sino también por partir de la creencia de que los hombres huyen de determinadas verdades, mientras acogen otras con prontitud y sin discusión. ¿A qué se debe esto? A que el entendimiento es un medio de autoafirmación que se halla al servicio de la adaptación y del dominio de la naturaleza, lo que hace que su interpretación del mundo responda a las necesidades vitales de los sujetos. La compensación de fracasos, el ansia de dominar a otros y el disimulo de debilidades y de peligros reales explican que los individuos seleccionen elementos el mundo y los interpreten en función de sus exigencias subjetivas.

Esta última idea encaja con la intención del autor queriendo en un primer momento titular su léxico con el nombre de «Vocabulario de un cínico». Pues si consultamos este término en su propio diccionario comprobaremos su ironía al escribir: «Cínico es un miserable cuya defectuosa vista le hace ver las cosas como son y no como debieran ser. Los escitas suelen arrancar los ojos a los cínicos para mejorarles la visión». En este sentido las definiciones de Bierce se propondrían desterrar los eufemismos y las grandilocuencias que ocultan realidades lamentables que nadie quiere ver. El hombre ordinario creería que las cosas son como debieran ser y se niega a ver las cosas como son. El cínico vendría, así, a desenmascarar el lenguaje para devolver a las palabras su auténtico contenido, mostraría el absurdo de un lenguaje que pretende designar un mundo embellecido y adaptado a las necesidades del hombre que ha de acoger «mentiras consoladoras» como diría Nietzsche. Sólo estando ciego se podría «mejorar» la visión del mundo, pues, a fin de cuentas el optimista no sería más que un pesimista mal informado. El avance del conocimiento se traduce en un desencanto del mundo, incluida la religión y la ciencia, que es su sucedáneo en el mundo moderno. El «diablo» viene a susurrar en el oído del lector de su «diccionario» las verdades desnudas de una realidad ante la que no caben evasivas ni engaños.

DICCIONARIO DEL DIABLO

PREFACIO SARDÓNICO DE AMBROSE BIERCE AL *DICCIONARIO DEL DIABLO* DE 1911

Diccionario del Diablo se inició en un semanario en 1881 y se continuó de modo intermitente y a largos intervalos hasta 1906. Ese año gran parte de él fue publicado con tapas bajo el título de *El vocabulario del cínico,* un nombre que el autor no tuvo la capacidad de rechazar ni la felicidad de aprobar. Para citar a los editores de tal obra:

«Este título más respetuoso le fue impuesto debido a escrúpulos religiosos por parte del último periódico en que ha aparecido una parte de la obra, con la consecuencia natural de que, cuando se publicó con tapas, el país ya había sido inundado por sus imitadores con más de una veintena de libros "cínicos" —*El esto del cínico, El aquello del cínico* y *Lo otro del cínico*—. La mayoría de estos libros eran sencillamente estúpidos, aunque algunos de ellos llevaban añadida la categoría de necios. Entre todos proporcionaron al término "cínico" una desaprobación tan profunda que cualquier libro que lo llevara resultaba desacreditado antes de su publicación».

Además, entretanto, algunos de los más emprendedores humoristas del país contribuyeron a esas partes de la obra de acuerdo con sus necesidades, y muchas de sus definiciones, anécdotas, frases y demás han llegado a convertirse en algo más o menos habitual dentro del lenguaje popular. Se hace esta explicación, no por ningún orgullo de prioridad en la ocurrencia, sino para defenderme de cualquier posible acusación de plagio, lo cual no es una broma. Al limitarse a ofrecer la suya, el autor espera verse sin culpabilidad ante aquellos a quienes se dirige la obra, almas ilustradas que prefieren los vinos secos a los dulces, sensibilidad a sentimiento, ingenio a humor y simple inglés a jerga.

Un aspecto distinguido del libro, y se espera que no desagradable, está constituido por sus abundantes citas ilustrativas de poetas eminentes, cabeza de los cuales es ese docto e ingenioso clérigo, el padre Gassalasca Jape, S. J.

A los amables ánimos y ayudas del padre Jape el autor del texto en prosa le debe mucho.

A. B.

Abad. *s.* Padre que hizo votos de no ser marido.

Abadesa. *s.* Padre del sexo femenino.

Abandonado. *s.* y *adj.* El que no tiene favores que otorgar. Desprovisto de fortuna. Amigo de la verdad y el sentido común.

Abdicación. *s.* Acto mediante el cual un soberano demuestra percibir la alta temperatura del trono.

Abdomen. *s.* Templo del dios Estómago, al que rinden culto y sacrificio todos los hombres auténticos. Las mujeres sólo prestan a esta antigua fe un asentimiento vacilante. A veces ofician en su altar, de modo tibio e ineficaz, pero sin veneración real por la única deidad que los hombres verdaderamente adoran. Si la mujer manejara a su gusto el mercado mundial, nuestra especie se volvería graminívora.

Aberración. *s.* Toda desviación mental de otra persona (respecto a nuestros hábitos mentales) que nos parezca lo bastante grave como para llamarla locura.

Abogado. *s.* Persona designada legalmente para que desarregle los problemas de alguien que no ha tenido la habilidad de desarreglarlos por sí mismo.

Aborígenes. *s.* Seres de escaso mérito que entorpecen el suelo de un país recién descubierto. Pronto dejan de entorpecer; entonces, fertilizan.

Aborrecimiento. *s.* Forma de desaprobación que produce algo que no se entiende bien.

Abrupto. *adj.* Repentino, sin ceremonia, como la llegada de un cañonazo y la partida del soldado a quien está dirigido. El doctor Samuel Johnson, refiriéndose a las ideas de otro autor, dijo hermosamente que estaban «concatenadas sin abrupción».

Absentista. *adj.* Dícese del propietario lo bastante precavido para alejarse del territorio de sus exacciones.

Absoluto. *adj.* Independiente, irresponsable. Una monarquía absoluta es aquella en la que el soberano hace lo que le place, siempre que agrade a los asesinos. No quedan muchas: la mayoría han sido reemplazadas por monarquías limitadas, donde el poder del soberano para hacer el mal (y el bien) está muy restringido, o por repúblicas, donde gobierna el azar.

Abstemio. *s.* Persona de carácter débil, que cede a la tentación de negarse un placer. Abstemio total es el que se abstiene de todo, menos de la abstención; en especial, se abstiene de no meterse en los asuntos ajenos.

Absurdo. (1) *s.* Declaración de fe en manifiesta contradicción con nuestras opiniones.

(2) *adj.* Cada uno de los reproches que se hacen a este excelente diccionario.

Aburrido. *adj.* Dícese del que habla cuando uno quiere que escuche.

Academia. *s.* Escuela antigua donde se enseñaba moral y filosofía. Escuela moderna donde se enseña fútbol.

Accidente. *s.* Acontecimiento inevitable debido a la acción de leyes naturales inmutables.

Acéfalo. *adj.* Quien se encuentra en la sorprendente situación de aquel cruzado que, distraído, se dio palmadas en la frente, varias horas después de que una cimitarra sarracena, sin que él lo advirtiera, le rebanara el cuello, según cuenta Joinville.

Acorde. *s.* Armonía.

Acordeón. *s.* Instrumento que armoniza con los sentimientos de un asesino.

Acreedor. *s.* Miembro de la tribu de salvajes que viven más allá del Estrecho de las Finanzas; son muy temidos por sus devastadoras incursiones.

Acusar. *v. t.* Afirmar la culpa o indignidad de otro; generalmente, para justificarnos por haberle causado algún daño.

Adagio. *s.* Sabiduría deshuesada para dentaduras débiles.

Adepto. *s.* Secuaz que todavía no ha obtenido lo que espera.

Adivinación. *s.* Arte de desentrañar lo oculto. Hay tantas clases de adivinación como variedades fructíferas del pelma florido y del bobo precoz.

Administración. *s.* En política, ingeniosa abstracción destinada a recibir las bofetadas o puntapiés que merecen el primer ministro o el presidente. Hombre de paja a prueba de huevos podridos y de chistes.

Admiración. *s.* Reconocimiento cortés de la semejanza entre otro y uno mismo.

Admitir. *v. t.* Confesar. Admitir los defectos ajenos es el deber más alto que nos impone el amor a la verdad.

Admonición. *s.* Reproche suave o advertencia amistosa que suele acompañarse blandiendo un hacha de carnicero.

Adolescente. *s.* Quien se está recuperando de la infancia.

Adoración. *s.* Testimonio que da el *Homo Creator* de la sólida construcción y elegante acabado del *Deus Creatus*. Forma popular de humillación que contiene un elemento de orgullo.

Adorar. *v. t.* Venerar de modo expectante.

Aflicción. *s.* Proceso de aclimatación que prepara el alma para otro mundo más duro. Enfermedad que se adquiere por exponerse sin defensas a la prosperidad de un amigo.

Aforismo. *s.* Sabiduría predigerida.

Africano. *s.* Negro que vota a nuestro partido.

Agitador. *s.* Estadista que sacude los frutales del vecino... para limpiarlos de gusanos.

Agua de arroz. *s.* Bebida mística, usada secretamente por nuestros novelistas y poetas más populares para regular la imaginación y narcotizar la conciencia. Se le considera rica en obtusita y letargina, y debe ser preparada en una noche de niebla por una bruja gorda de la Ciénaga Lúgubre.

Aire. *s.* Sustancia nutritiva con que la generosa Providencia engorda a los pobres.

Alá. *s.* El Ser Supremo Mahometano, por oposición al Ser Supremo Cristiano, Judío, etc.

Alba. *s.* Momento en que la gente sensata se va a la cama. Algunos ancianos prefieren levantarse a esa hora, darse una ducha fría, realizar una larga caminata con el estómago vacío y mortificar su carne de otros modos parecidos. Después orgullosamente atribuyen a esas prácticas su robusta salud y su longevidad; cuando lo cierto es que son viejos y vigorosos no a causa de sus costumbres, sino a pesar de ellas. Si las personas robustas son las únicas que siguen esta norma, es porque las demás murieron al ensayarla.

Alentador. *adj.* Dar con una persona que se cree todo lo que dicen los periódicos.

Alianza. *s.* En política internacional, la unión de dos ladrones, cada uno de los cuales ha metido tanto la mano en el bolsillo del otro que ya no pueden separarse para robar a un tercero.

Alivio. *s.* Despertarse muy pronto una mañana muy fría y comprobar que es domingo.

Alma. *s.* Entidad espiritual que ha provocado recias controversias. Platón sostenía que las almas que en una existencia previa (anterior a Atenas) habían vislumbrado mejor la verdad eterna, se encarnaban en filósofos. Platón era filósofo. Las almas que no habían contemplado esa verdad animaban los cuerpos de usurpadores y déspotas. Dionisio I, que amenazaba con decapitar al sesudo filósofo, era un usurpador y un déspota. Platón, por cierto, no fue el primero en construir un sistema filosófico que pudiera esgrimarse contra sus enemigos; tampoco fue el último.

«En lo que atañe a la naturaleza del alma —dice el renombrado autor de *Diversiones Sanctorum*—, nada ha sido tan debatido como el lugar que ocupa en el cuerpo. Mi propia opinión es que el alma reside en el abdomen, y esto nos permite discernir e interpretar una verdad hasta ahora ininteligible, a saber, que el glotón es el más devoto de los hombres. De él dicen las Escrituras que "hace un dios de su estómago". ¿Cómo entonces no habría de ser piadoso, si la Divinidad lo acompaña siempre para corroborar su fe? ¿Quién podría conocer tan bien como él el poder y la majestad a que sirve su santuario? Verdadera y sobriamente el alma y el estómago son una Divina Entidad y tal fue la creencia de Promasius, quien, no obstante, erró al negarle inmortalidad. Había observado que su sustancia visible y material se corrompía con el resto del cuerpo después de la muerte, pero de su esencia inmaterial no sabía nada. Ésta es lo que llamamos Apetito, que sobrevive al naufragio y hedor de la mortalidad, para ser recompensado o castigado en otro mundo, según lo que haya merecido en éste. El Apetito que groseramente ha reclamado los insalubres alimentos del mercado popular y del refectorio público, será arrojado al hambre eterna, mientras aquel que firme, pero cortésmente, insistió en comer caviar, tortuga, anchoas, paté de *foiegras* y otros comestibles cristianos, clavará su diente espiritual en las almas de esos manjares, por siempre jamás, y saciará su divina sed en las partes inmortales de los vinos más raros y exquisitos que se hayan escanciado aquí abajo. Esta es mi fe religiosa, aunque lamento confesar que ni Su Santidad el papa, ni Su Eminencia el arzobispo de Canterbury (a quienes imparcial y profundamente reverencio) me permiten propagarla.»

Almirante. *s.* Parte de un buque de guerra que se encarga de hablar, mientras el mascarón de proa se encarga de pensar.

Altar. *s.* Sitio donde antiguamente el sacerdote arrancaba, con fines adivinatorios, el intestino de la víctima sacrificial y cocinaba su carne para los dioses. En la actualidad, el término se usa raramente, salvo para aludir al sacrificio de su paz y su libertad que realizan dos tontos de sexo opuesto.

Ambición. *s.* Deseo obsesivo de ser calumniado por los enemigos en vida y ridiculizado por los amigos después de la muerte.

Ambidextro. *adj.* Capaz de robar con igual habilidad un bolsillo derecho que uno izquierdo.

Amistad. *s.* Barco lo bastante grande como para llevar a dos con buen tiempo, pero a uno solo en caso de tormenta.

Amnistía. *s.* Magnanimidad del Estado para con aquellos delincuentes a los que costaría demasiado castigar.

Amor. *s.* Demencia temporal curable mediante el matrimonio o alejando al paciente de las influencias bajo las cuales ha contraído el mal. Esta enfermedad, como las caries y muchas otras, sólo se expande entre las razas civilizadas que viven en condiciones artificiales; las naciones bárbaras, que respiran aire puro y comen alimentos sencillos, son inmunes a su devastación. A veces es fatal, aunque más frecuentemente para el médico que para el enfermo.

Ancianidad. *s.* Época de la vida en que transigimos con los vicios que aún amamos repudiando los que ya no tenemos la audacia de practicar.

Anécdota. *s.* Relato generalmente falso. La veracidad de las anécdotas que siguen, sin embargo, no ha sido rebatida con éxito:

Una noche el señor Rudolph Block, de Nueva York, se encontró sentado en una cena junto al distinguido crítico Percival Pollard.

—Señor Pollard —dijo—, mi libro *Biografía de una vaca muerta* se ha publicado anónimamente, pero usted no puede ignorar quién es el autor. Sin embargo, al comentarlo, dice usted que es la obra del Idiota del Siglo. ¿Le parece una crítica justa?

—Lo siento mucho, señor —respondió amablemente el crítico— pero no pensé que usted deseara realmente conservar el anonimato.

El señor W. C. Morrow, que solía vivir en San José, California, solía escribir cuentos de fantasmas que daban al lector la sensación de que un tropel de lagartijas, recién salidas del hielo, le corrían por la espalda y se le escondían entre los cabellos. En esa época, se creía que merodeaba por San José el alma en pena de un famoso bandido llamado Vásquez, a quien ahorcaron allí. El pueblo no estaba muy bien iluminado, y de noche la gente salía lo menos posible de su casa. Una noche particularmente oscura dos caballeros caminaban por el sitio más solitario dentro del ejido, hablando en voz alta para darse coraje, cuando se tropezaron con el señor T. J. Owen, conocido periodista:

—¡Caramba, Owen! —dijo uno—. ¿Qué le trae por aquí en una noche como ésta? ¿No me dijo que éste era uno de los sitios preferidos por el ánima de Vásquez? ¿No tiene miedo de estar fuera?

—Mi querido amigo —respondió el periodista con voz lúgubre— tengo miedo de estar dentro. Llevo en el bolsillo una de las novelas de Will Morrow y no me atrevo a acercarme donde haya luz suficiente para leerla.

El general H. H. Wotherspoon, director de la Escuela de Guerra del Ejército, tiene como mascota un babuino, animal de extraordinaria inteligencia, aunque nada hermoso. Al volver una noche a su casa el general descubrió con sorpresa y dolor que Adán (así se llamaba el mono, pues el general era darwinista) le aguardaba sentado, ostentando su mejor chaquetilla de gala.

—¡Maldito antepasado! —tronó el gran estratega—. ¿Qué haces levantado, después del toque de queda? ¡Y con mi uniforme! Adán se incorporó con una mirada de reproche, se puso a cuatro patas, atravesó el cuarto en dirección a una mesa y volvió con una tarjeta de visita: el general Barry había estado allí, y a juzgar por una botella de champán vacía y varias colillas de cigarros, había sido amablemente atendido mientras esperaba. El general presentó excusas a su fiel progenitor y se fue a dormir. Al día siguiente se encontró con el general Barry, quien le dijo:

—Oye, viejo, anoche al separarme de ti, olvidé preguntarte por esos excelentes cigarros. ¿Dónde los consigues?

El general Wotherspoon, sin dignarse a responder, se marchó.

—Perdona, por favor —gritó Barry corriendo tras él—. Bromeaba, por supuesto. Anda, si no había pasado quince minutos en tu casa y ya me di cuenta de que no eras tú.

Anormal. *adj.* Que no responde a la norma. En cuestiones de pensamiento y conducta, ser independiente es ser anormal, y ser anormal es ser detestado. En consecuencia, el autor aconseja parecerse más al Hombre Medio que a uno mismo. Quien lo consiga, obtendrá la paz, la perspectiva de la muerte y la esperanza del infierno.

Antiamericano. *adj.* Perverso, intolerable, pagano.

Antipatía. *s.* Sentimiento que nos inspira el amigo de un amigo.

Antipático. *adj.* El que lleva casado seis semanas.

Antirreligión. *s.* La religión más importante de la tierra.

Año. *s.* Período de trescientos sesenta y cinco desengaños.

Apelar. *v. i.* En lenguaje forense, volver a poner los dados en el cubilete para un nuevo tiro.

Apetito. *s.* Instinto previsoramente implantado por la Providencia como solución al problema laboral.

Aplauso. *s.* El eco de una tontería. Monedas con que el populacho recompensa a quienes le hacen reír para luego comérselos.

Apóstata. *s.* Sanguijuela que tras penetrar en el caparazón de una tortuga y descubrir que hace mucho que está muerta, juzga oportuno adherirse a una nueva tortuga.

Aprieto. *s.* Situación en que nos pone la gente como premio a nuestra coherencia.

Arado. *s.* Herramienta que pide a gritos manos acostumbradas a la pluma.

Árbol. *s.* Vegetal alto, creado por la naturaleza para servir de aparato punitivo, aunque por una deficiente aplicación de la justicia la mayoría de los árboles sólo exhiben frutos despreciables, o ninguno. Cuando está cargado de su fruta natural, el árbol es un benéfico agente de la civilización y un importante factor de moralidad pública. En el severo Oeste y en el sensitivo Sur de Estados Unidos, su fruta (blanca y negra respectivamente) satisface el gusto público, aunque no se coma, y contribuye al bienestar general, aunque no se exporte. La legítima relación entre árbol y justicia no fue descubierta por el juez Lynch (quien, a decir verdad, no lo consideraba preferible al farol o la viga de un puente), como lo prueba este pasaje de Morryster, quien vivió dos siglos antes:

> Encontrándome en ese país, me llevaron a ver el árbol Ghogo, del que mucho oyera hablar; pero como yo dijese que no observaba en

él nada notable, el jefe de la aldea en que crecía me respondió de este modo:

—En este momento el árbol no da fruta, pero cuando esté en sazón, veréis colgar de sus ramas a todos los que han ofendido a Su Majestad el Rey.

Asimismo me explicaron que la palabra «Ghogo» significaba en su lengua lo mismo que «bandido» en la nuestra.

Viaje por Oriente.

Ardor. *s.* Cualidad que caracteriza al amor inexperto.

Arena. *s.* En política, ratonera imaginaria donde el estadista lucha con su pasado.

Aristocracia. *s.* Gobierno de los mejores. (En este sentido la palabra es obsoleta, lo mismo que esa clase de gobierno). Gentes que usan sombreros de copa y camisas limpias, culpables de educación y sospechosos de cuenta bancaria.

Armadura. *s.* Vestimenta que usa un hombre cuyo sastre es un herrero.

Arquitecto. *s.* El que traza los planos de nuestra casa y planea la ruina de nuestras finanzas.

Arrepentimiento. *s.* Fiel servidor y secuaz del Castigo. Suele traducirse en una actitud de enmienda que no es incompatible con la continuidad del pecado.

Arruinar. *v. t.* Destruir. Específicamente, destruir la creencia de una doncella en la virtud de las doncellas.

Arsénico. *s.* Especie de cosmético al que son afectas las mujeres, y que, a su vez, les afecta grandemente.

Arzobispo. *s.* Dignatario eclesiástico un punto más santo que un obispo.

Asilo. *s.* Todo lo que asegura protección a alguien en peligro. Moisés y Josué establecieron seis ciudades de asilo —Bezer, Golan, Ramoth, Kadesh, Schekem y Hebrón— donde el homicida involuntario podía refugiarse al ser perseguido por los familiares de la víctima.

Este admirable recurso proveía al matador de un saludable ejercicio sin privar a los deudos de los placeres de la caza; así, el alma del muerto era debidamente honrada con prácticas similares a los juegos fúnebres de la Grecia primitiva.

Asno. *s.* Cantante público de buena voz y mal oído. En Virginia City, Nevada, le llaman el Canario de Washoe; en Dakota, el Senador, y en todas partes, el Burro. Este animal ha sido amplia y diversamente celebrado en la literatura, el arte y la religión de todas las épocas y pueblos; nadie inflama la imaginación humana como este noble vertebrado. En realidad, algunos (Ramasilus, lib. II, *De Clem.*, y C. Stantatus, *De Temperamento)* sospechan si no es un dios, y como tal sabemos que fue adorado por los etruscos y, si hemos de creer a Macrobius, también por los cupasios. De los únicos dos animales admitidos en el Paraíso mahometano junto con las almas de los hombres, uno es la burra de Balaam, otro el perro de los Siete Durmientes. Ésta es una distinción muy grande. Con lo que se ha escrito sobre esta bestia podría hacerse una biblioteca de gran esplendor y magnitud, que rivalizara con la del culto shakesperiano y la literatura bíblica. En términos generales puede decirse que toda la literatura es más o menos asnal.

Astucia. *s.* Cualidad que distingue a un animal o persona débil de otro fuerte. Acarrea a su poseedor gran satisfacción intelectual y gran adversidad material. Un proverbio italiano dice: «El peletero consigue más pieles de zorro que de burro».

Audacia. *s.* Una de las cualidades más evidentes del hombre que no corre peligro.

Ausente. *adj.* Singularmente expuesto a la mordedura de la calumnia; vilipendiado; irremediablemente equivocado; sustituido por otro en la consideración y el afecto de los demás.

Australia. *s.* País situado en los mares del Sur, cuyo desarrollo industrial y comercial se ha visto increíblemente demorado por una funesta disputa entre geógrafos sobre si es un continente o una isla.

Autoestima. *s.* Evaluación errónea.

Autoevidente. *s.* Evidente para uno mismo y para nadie más.

Averno. *s.* Lago por el cual los antiguos entraban en las regiones infernales. El erudito Marcus Ansello Scrutator sostiene que de ahí deriva el rito cristiano del bautismo por inmersión. Lactancio, sin embargo, ha demostrado que esto es un error.

Avestruz. *s.* Ave de gran tamaño, a quien la naturaleza (sin duda en castigo de sus pecados) negó ese dedo posterior en el que tantos naturalistas piadosos han visto una prueba manifiesta del plan divino. La ausencia de alas que funcionen no es, sin embargo, un defecto, porque, como se ha señalado ingeniosamente, el avestruz no vuela.

Ayer. *s.* Infancia de la juventud, juventud de la madurez, el pasado entero de la ancianidad.

Ayudante. *s.* En el arte militar es un hábil oficial de inferior graduación cuya función consiste en distraer la atención del comandante.

B

Baal. *s.* Antigua deidad muy venerada bajo distintos nombres. Como Baal era popular entre los fenicios; como Belus o Bel tuvo el honor de ser servida por el sacerdote Berosus, quien escribió la célebre crónica del Diluvio; como Babel, contó con una torre parcialmente erigida en su gloria, en la llanura de Shinar. De Babel deriva la expresión «bla-bla-blá». Cualquiera sea el nombre con que se le adore, Baal es el dios Sol. Como Belzebú, es el dios de las moscas, que son engendradas por los rayos solares en el agua estancada.

Baco. *s.* Cómoda deidad inventada por los antiguos como excusa para emborracharse.

Bailar. *v. i.* Saltar a compás de una música alegre, preferiblemente abrazando a la esposa o la hija del vecino. Hay muchas clases de bailes, pero todos los que requieren la participación de ambos sexos tienen dos cosas en común: son notoriamente inocentes y gustan mucho a los libertinos.

Bandera. *s.* Trapo de colores que alza un ejército o que izan en cuarteles o en barcos. Parece servir al mismo propósito que esos carteles que se ven en Londres junto a los solares abandonados que dicen: Se admite basura.

Baño. *s.* Especie de ceremonia mística que ha sustituido al culto religioso. Se ignora su eficacia espiritual.

Barba. *s.* El pelo que suelen cortarse los que justificadamente abominan de la absurda costumbre china de afeitarse la cabeza.

Barómetro. *s.* Ingenioso instrumento que nos indica el tiempo que está haciendo.

Barritas de incienso. *s.* Barras finitas que los chinos quemaban en sus estúpidos ritos paganos, imitando ciertos ritos sagrados de nuestra santa religión.

Basilisco. *s.* Régulo. Especie de serpiente empollada en el huevo de un gallo. El basilisco tenía unos ojos malignos y su mirada era fatal. Muchos infieles niegan la existencia de este ser, pero Semprello Aurator vio y tuvo en sus manos uno que había sido cegado por un rayo por haber fatalmente contemplado a una dama de alcurnia a quien Júpiter amaba. Más tarde, Juno devolvió la vista al reptil y lo escondió en una cueva. Nada está tan bien atestiguado por los antiguos como la existencia del basilisco, pero los gallos han dejado de poner huevos.

Bastonada. *s.* Arte de caminar sobre madera sin esfuerzo[1].

Basura. *s.* Material indigno, como las religiones, filosofías, literaturas, artes y ciencias de las tribus que infestan las religiones que quedan al sur de la zona norte.

Batalla. *s.* Método de desatar con los dientes un nudo político que no pudo desatarse con la lengua.

Bautismo. *s.* Rito sagrado de tal eficacia que aquel que entra en el cielo sin haberlo recibido, será desdichado por toda la eternidad. Se realiza con agua, de dos modos: por inmersión o zambullida, y por aspersión o salpicadura. Si la inmersión es mejor que la aspersión, es algo que los inmergidos y los asperjados deben resolver consultando la Biblia y comparando sus respectivos resfriados.

Bebé. *s.* Ser deforme, sin edad, sexo ni condición definidos, notable principalmente por la violencia de las simpatías y antipatías que provoca en los demás, y desprovisto él mismo de sentimientos o emociones. Ha habido bebés famosos, por ejemplo, el pequeño Moisés,

---

[1] Recuérdese que bastonada es una especie de tormento que consiste en golpear con un bastón las plantas de los pies.

cuya aventura entre los juncos indudablemente inspiró a los hierofantes egipcios de siete siglos antes su tonta fábula del niño Osiris, salvado de las aguas sobre una flotante hoja de loto.

Beber. *v. t.* e *i.* Echar un trago, enfollinarse, chupar, empinar el codo, mamarse, embriagarse. El individuo que se da a la bebida es mal visto, pero las naciones bebedoras ocupan la vanguardia de la civilización y el poder. Enfrentados con los cristianos, que beben mucho, los abstemios mahometanos cayeron como pasto frente a la guadaña. En la India cien mil británicos consumidores de carne y de brandy con soda sometieron a doscientos cincuenta millones de abstemios vegetarianos de la misma raza aria. ¡Y con cuánta gallardía y facilidad el norteamericano bebedor de wiski desalojó al moderado español de sus posesiones! Desde la época en que los piratas nórdicos asolaban las costas de Europa occidental y dormían, borrachos, en cada puerto conquistado, ha ocurrido igual: en todas partes las naciones que beben demasiado pelean bien, aunque no les acompañe la justicia. Las simpáticas viejecitas que suprimieron las cantinas en el ejército americano pueden sentirse, entonces, orgullosas de haber disminuido el poder militar de la nación.

Belladona. *s.* En italiano, hermosa mujer; en inglés, veneno mortal. Notable ejemplo de la identidad esencial de ambos idiomas.

Belleza. *s.* Don femenino que seduce a un amante y aterra a un marido.

Benefactor. *s.* Dícese del que compra grandes cantidades de ingratitud, sin modificar la cotización de este artículo, que sigue al alcance de todos.

Beso. *s.* Palabra inventada por los poetas para que rime con «embeleso». Se supone que designa, de un modo general, una especie de rito o ceremonia que expresa un buen entendimiento, pero este lexicógrafo desconoce la forma en que se realiza.

Bestia. *s.* Miembro de la dinastía reinante en las letras y la vida. La tribu de los Bestias llegó con Adán, y como era numerosa y fuerte, infestó el mundo habitable. El secreto de su poder es su insensibilidad a los golpes; basta hacerles cosquillas con un garrote para que se rían con una perogrullada. Originariamente, los Bestias procedían de

Beocia, de donde los desalojó el hambre, pues su estupidez esterilizó las cosechas. Durante algunos siglos infestaron Filistea, y por eso a muchos de ellos se les llama filisteos hasta hoy. En la época turbulenta de las Cruzadas salieron de allí y se extendieron gradualmente por Europa, ocupando casi todos los altos puestos de la política, el arte, la literatura, la ciencia y la teología. Desde que un pelotón de Bestias llegó a Norteamérica en el Mayflower, junto con los Padres Peregrinos, su proliferación por nacimiento, inmigración y conversión ha sido rápida y constante. Según las estadísticas más dignas de crédito, el número de Bestias adultos en los Estados Unidos es apenas menor de treinta millones, incluyendo a los estadísticos. El centro intelectual de la raza está en Peoria, Illinois, pero el Bestia de Nueva Inglaterra es el más escandalosamente moral.

Bigamia. *s.* Mal gusto que la sabiduría del futuro castigará con la trigamia.

Blanco. *adj.* Negro.

Boca. *s.* En el hombre, puerta de entrada al alma; en la mujer, vía de salida del corazón.

Boda. *s.* Ceremonia por la que dos personas se prometen convertirse en una, es decir, una se propone anularse y dejar que la otra le mantenga.

Bolsillo. *s.* Cuna de los motivos, tumba de la conciencia. En la mujer, este órgano falta; en consecuencia, actúa sin motivo, y su conciencia, desprovista de sepultura, permanece siempre viva, confesando los pecados de otros.

Botánica. *s.* Ciencia de los vegetales, comestibles o no. Se ocupa principalmente de las flores, que generalmente están mal diseñadas, tienen colores poco artísticos y huelen mal.

Boticario. *s.* Cómplice del médico, benefactor del sepulturero, proveedor de los gusanos del cementerio.

Brahma. *s.* Creador de los hindúes, que son protegidos por Vishnu y destruidos por Siva; división del trabajo más prolija que la que encontramos en las divinades de otras naciones. Los abracadabrenses, por ejemplo, son creados por el Pecado, mantenidos por el

Robo y destruidos por la Locura. Los sacerdotes de Brahma, como los de Abracadabra, son hombres santos y sabios, que jamás incurren en una maldad.

Bruja. *s.* (1) Mujer fea y repulsiva en perversa alianza con el demonio. (2) Muchacha joven y hermosa, que supera en perversión al demonio.

Brujería. *s.* Antiguo prototipo de enchufismo político. Gozaba, sin embargo, de menos prestigio, y a veces era castigada con la tortura y la muerte. Augustine Nicholas cuenta que un pobre campesino acusado de brujería fue sometido a tortura para que confesara. Tras los primeros castigos, el pobre admitió su culpa, pero preguntó ingenuamente a sus verdugos si no era posible que fuese brujo sin saberlo.

Bruto. *s. Ver* **Marido.**

Budismo. *s.* Forma ridícula de error religioso que prefieren perversamente las tres cuartas partes del género humano. Según el reverendo Stabbins, la religión que él tiene el honor de profesar es infinitamente superior. Por consiguiente, lo es.

Bueno. *adj.* Sensible, señora, a los méritos de este autor. Advertido, señor, de las ventajas de que le dejen solo.

Bufón. *s.* Antiguamente, funcionario adscrito a la corte de un rey, cuya función consistía en divertir a los cortesanos mediante actos y palabras ridículas, cuyo absurdo era acentuado por sus abigarradas vestiduras. Como el rey, en cambio, vestía con dignidad, el mundo tardó varios siglos en descubrir que su conducta y sus decretos eran lo bastante ridículos como para divertir no sólo a su corte, sino a la humanidad entera. Al bufón se le llamaba comúnmente «tonto» *(fool),* pero los poetas y los novelistas se han complacido siempre en presentarle como una persona singularmente sabia e ingeniosa. En el circo actual, la melancólica sombra del bufón de la corte deprime a auditorios más modestos con los mismos chistes con que en su época de esplendor ensombrecía los marmóreos salones, ofendía el sentido del humor de los patricios y perforaba el depósito de las lágrimas reales.

C

Caaba. *s*. Piedra de gran tamaño ofrecida por el arcángel Gabriel al patriarca Abraham, que se conserva en La Meca. Es posible que el patriarca pidiera al arcángel un pedazo de pan.

Cabezas rapadas. *s*. Miembros del partido parlamentario en la guerra civil inglesa, llamados así por su costumbre de llevar el cabello corto, mientras que sus enemigos, los Caballeros, lo llevaban largo. Había otras diferencias entre ellos, pero la moda en el peinado constituía la causa fundamental de su reyerta. Los Caballeros eran monárquicos porque su rey, un individuo indolente, prefería dejarse crecer el pelo antes que lavarse el cuello. Los Cabezas rapadas, en su mayoría barberos y fabricantes de jabón, consideraban eso como un insulto a su negocio; es natural que el cuello del monarca fuese objeto de su particular indignación. Hoy, los descendientes de los beligerantes se peinan todos igual, pero las brasas del odio encendido en aquel antiguo conflicto siguen ardiendo bajo las cenizas de la cortesía británica.

Cabo. *s*. Hombre que ocupa el último peldaño de la escala militar; cuando un cabo cae en combate, el golpe es menor.

Cadete. *s*. Caballero militar con pocos años que dentro de diez puede hacer temblar al mundo y degollar pueblos enteros.

Cagada de mosca. *s*. Prototipo de la puntuación. Observa Garvinus que los sistemas de puntuación usados por los distintos pueblos que cultivan una literatura dependían originalmente de los hábitos sociales y la alimentación general de las moscas que infestaba los diversos países. Estos animalitos, que siempre se han caracterizado por su amistosa familiaridad con los autores, embellecen con mayor o menor generosidad, según sus hábitos corporales, los manuscritos que crecen bajo la pluma haciendo surgir el sentido de la obra por una especie de interpretación superior a, e independiente de, los poderes del escritor. Los «viejos maestros» de la literatura —es decir los escritores primitivos cuya obra es tan estimada por los escribas y críticos que usan luego el mismo idioma— jamás puntuaban, sino que escribían a vuelapluma sin esa interrupción del pensamiento que produce la puntuación. (Lo mismo observamos en los niños de hoy, lo que constituye una notable y hermosa aplicación de la ley según la cual la infancia de los individuos reproduce los métodos y estadios de desarrollo que caracterizan a la infancia de las razas). Los modernos investigadores, con sus instrumentos ópticos y ensayos químicos, han descubierto que toda la puntuación de esos antiguos escritos ha sido insertada por la ingeniosa y servicial colaboradora de los escritores, la mosca doméstica o *Musca maledicta*. Al transcribir esos viejos manuscritos, ya sea para apropiarse de las obras o para preservar lo que naturalmente consideran como revelaciones divinas, los literatos posteriores copian reverente y minuciosamente todas las marcas que encuentran en los papiros y pergaminos, y de ese modo la lucidez del pensamiento y el valor general de la obra se ven milagrosamente realzados. Los autores contemporáneos de los copistas, por supuesto, aprovechan esas marcas para su propia creación, y con la ayuda que les prestan las moscas de su propia casa, a menudo rivalizan y hasta superan las viejas composiciones, por lo menos en lo que atañe a la puntuación, que no es una gloria desdeñable. Para comprender plenamente los importantes servicios que la mosca presta a la literatura, basta dejar un página de cualquier novelista popular junto a un platito con crema y melaza, en una habitación soleada, y observar cómo el ingenio se hace más brillante y el estilo más refinado, en proporción directa al tiempo de exposición.

Cagatintas. *s*. Funcionario útil que con frecuencia dirige un periódico. En esa función está estrechamente ligado al chantajista por el vínculo de la ocasional identidad; en realidad el cagatintas no es más que el chantajista bajo otro aspecto, aunque este último aparece a menudo como una especie independiente. El cagatintismo es más despreciable que el chantaje, así como el estafador es más despreciable que el asaltante de caminos.

Caimán. *s.* Cocodrilo de América, superior en todo al cocodrilo de las decadentes monarquías del Viejo Mundo. Heródoto dice que el Indus es, con una excepción, el único río que produce cocodrilos; éstos, sin embargo, parecen haberse trasladado a Occidente, y haber crecido en otros ríos.

Calamidad. *s.* Recordatorio evidente e inconfundible de que las cosas de esta vida no obedecen a nuestra voluntad. Hay dos clases de calamidades: las desgracias propias y la buena suerte ajena.

Calvo. *adj.* Quien está privado de cabello, por accidente o por herencia... nunca por la edad.

Camello. *s.* Cuadrúpedo *(Palmipes jorobidorsus)* muy apreciado en el negocio circense. Hay dos clases de camellos: el camello propiamente dicho y el camello impropiamente dicho. Este último es el que siempre se exhibe.

Camino. *s.* Faja de tierra que permite ir de donde uno está aburrido a donde es inútil ir.

Campaña electoral. *s.* Período durante el cual hay gente que se sube a un podio para decir que fulano es un genio y mengano un imbécil.

Candidato. *s.* Caballero modesto que renuncia a la distinción de la vida privada y busca afanosamente la honorable oscuridad de la función pública.

Cangrejo. *s.* Pequeño crustáceo parecido a la langosta, aunque menos indigerible.

> En este animalito está admirablemente figurada y simbolizada la sabiduría humana; porque así como el cangrejo se mueve sólo hacia atrás, y sólo puede tener una mirada retrospectiva, pues no ve otra cosa que los peligros ya pasados, así la sabiduría del hombre no le permite eludir las locuras que asedian su marcha, sino únicamente aprender su naturaleza con posterioridad.
>
> Sir James Merrivale.

Caníbal. *s.* Gastrónomo de la vieja escuela, que conserva los gustos simples y la dieta natural de la época preporcina.

Canonizar. *v. t.* Convertir en santo a un muerto pecador.

Cáñamo. *s.* Planta con cuya corteza fibrosa se hacen collares, que suelen usarse al aire libre en una ceremonia precedida de oratoria; el que se pone uno de esos collares deja de tener frío.

Cañón. *s.* Instrumento usado en la rectificación de las fronteras.

Capacidad. *s.* Conjunto de dotes naturales que permiten realizar una pequeña parte de las ambiciones más mezquinas que distinguen a los hombres capaces de los muertos. En último análisis, la capacidad consiste, por lo general, en un alto grado de solemnidad. Es posible, sin embargo, que esta notable cualidad sea apreciada a justo título; ser solemne, no es tarea fácil.

Capital. *s.* Sede del desgobierno. Lo que provee el fuego, la olla, la cena, la mesa, el cuchillo y el tenedor al anarquista, quien sólo contribuye con la desgracia[2] antes de la comida.

Carcaj. *s.* Vaina portátil donde el antiguo estadista y el abogado aborigen transportaban sus argumentos más agudos.

Caridad. *s.* Noble impulso del corazón que me lleva a perdonar a otros los pecados y vicios que practico yo.

Carnada. *s.* Preparado que hace más apetitoso el anzuelo. La belleza es la mejor de las carnadas.

Carne. *s.* Segunda persona de la Trinidad secular. La primera y la tercera son el Mundo y el Diablo respectivamente.

Carne de gusano. *s.* Producto final del que somos la materia prima. Contenido del Taj Mahal, de la tumba de Napoleón y del Grantarium. La estructura que la alberga suele sobrevivirle aunque también ella «ha de desaparecer con el tiempo». Probablemente la tarea más necia que puede ocupar a un ser humano es la construcción de su pro-

---

[2] *Disgrace,* o sea lo opuesto a *grace,* que en este caso significa la acción de gracias que se reza antes de comer.

pia tumba; el propósito solemne que lo anima en tales casos no dignifica, sino que acentúa la previsible futilidad de su empresa.

Carnívoro. *adj.* Dícese del que cruelmente acostumbra a comerse al tímido vegetariano, a sus hijos y a todos sus descendientes.

Carroza fúnebre. *s.* Cochecito de niños de la muerte.

Cartesiano. *adj.* Relativo a Descartes, famoso filósofo, autor de la célebre sentencia *Cogito, ergo sum,* con la que pretendió demostrar la realidad de la existencia humana. Esa máxima podría ser perfeccionada de la siguiente forma: *Cogito cogito, ergo cogito sum* («Pienso que pienso, luego pienso que existo»), con lo que se estaría más cerca de la verdad que ningún filósofo hasta ahora.

Casa. *s.* Estructura hueca construida para morada del hombre, la rata, el escarabajo, la cucaracha, la mosca, el mosquito, la pulga, el bacilo y el microbio. «Casa de corrección»: lugar de recompensa por servicios políticos o personales. «Casa de Dios»: edificio que sostiene el peso de un campanario y de una hipoteca. «Perro Guardián de la Casa»: bestia pestilente encargada de insultar a los transeúntes y aterrar a los visitantes. «Sirvienta de la Casa»: persona joven, del sexo femenino, a quien se emplea para que se muestre variadamente desagradable e ingeniosamente desaliñada en la situación donde el bondadoso Dios le ha colocado.

Castigo. *s.* Lluvia de fuego y azufre que cae sobre los justos e igualmente sobre los injustos que no se han protegido expulsando a los primeros.

Catecismo. *s.* Conjunto de adivinanzas teológicas, donde las dudas eternas y universales se resuelven con respuestas concretas y tajantes o con evasivas.

Celo. *s.* Cierto desorden nervioso que afecta a los jóvenes e inexpertos. Pasión que precede a una entrega total.

Celoso. *adj.* Indebidamente preocupado por conservar lo que sólo se puede perder cuando no vale la pena conservarlo.

Cementerio. *s.* Paraje suburbano aislado donde los deudos dicen mentiras, los poetas dedican sus versos a una víctima indefensa y los marmolistas hacen apuestas sobre la ortografía. Los siguientes epitafios demuestran el éxito alcanzado por estos juegos olímpicos:

> Sus virtudes eran tan notorias que sus enemigos,
> incapaces de pasarlas por alto, las negaron, y sus amigos,
> reprendidos por ellas en sus vidas insensatas, las
> tomaron por vicios. Esas virtudes son aquí conmemoradas
> por su familia, que las compartió.
> Aquí en la tierra nuestro amor prepara
> un lugarcito a la pequeña Clara.
> Que todos compadezcan nuestro duelo
> y el arcángel Gabriel la lleve al cielo.

Cenobita. *s.* Hombre que piadosamente se encierra para meditar sobre el pecado, y que para mantenerlo fresco en la memoria, se une a una comunidad de atroces pecadores.

Censor. *s.* Funcionario de ciertos gobiernos que se dedica a eliminar las muestras de genio. Entre los romanos inspeccionaba la moral pública, cosa que hoy no se inspecciona por no existir.

Centauro. *s.* Miembro de una raza de personas que existió antes que la división del trabajo alcanzara su grado actual de diferenciación, y que obedecía a la primitiva máxima económica: «A cada hombre su propio caballo». El mejor fue Quirón, que unía la sabiduría y las virtudes del caballo a la rapidez del hombre.

Cerbero. *s.* El perro guardián del Hades, que custodiaba su entrada, no se sabe contra quién, puesto que todo el mundo, tarde o temprano, debía franquearla, y nadie deseaba forzarla. Es sabido que Cerbero tuvo tres cabezas, pero algunos poetas le atribuyeron hasta un centenar. El profesor Graybill, cuyo erudito y profundo conocimiento del griego da a su opinión un peso enorme, ha promediado todas esas cifras, llegando a la conclusión de que Cerbero tuvo veintisiete cabezas; juicio que sería decisivo si el profesor Graybill hubiera sabido: a) algo de perros, y b) algo de aritmética.

Cerdo. *s.* Ave notable por la universalidad de su apetito y que sirve para ilustrar la universalidad del nuestro. Los mahometanos y judíos prohíben el cerdo como producto alimenticio, pero lo respetan por la delicadeza de sus costumbres, la belleza de su plumaje y la melodía de su voz. Este ave es particularmente apreciada como cantante; una jaula llena, puede hacer llorar a más de cuatro. El nombre científico de este pajarito es *Porcus rocke-felleri.* El señor Rockefeller no descubrió el cerdo, pero se lo considera suyo por derecho de semejanza.

Cerebro. *s.* Aparato con el que pensamos que pensamos. Lo que distingue al hombre que se contenta con «ser» algo, del que quiere «hacer» algo. Un hombre con mucho dinero, o de posición prominente, tiene por lo común tanto cerebro en la cabeza que sus vecinos no pueden mantener el sombrero puesto. En nuestra civilización y bajo nuestra forma republicana de gobierno, el cerebro es tan apreciado que se recompensa a quien lo posee eximiéndole de las preocupaciones del poder.

Cerradura. *s.* Distintivo de la civilización y el progreso.

Cetro. *s.* Bastón de mando de un rey, signo y símbolo de su autoridad. Originariamente era una maza con que el soberano reprendía a su bufón y vetaba las medidas ministeriales, rompiendo los huesos de quienes las proponían.

Cielo. *s.* Lugar donde los perversos dejan de contarnos sus aburridas cuestiones personales y los buenos nos escuchan con atención cuando les contamos las nuestras.

Cimitarra. *s.* Espada curva de extremado filo en cuyo manejo ciertos orientales alcanzan extraordinario virtuosismo, como ilustra el incidente que narraremos, traducido del japonés de Shushi Itama, famoso escritor del siglo XIII:

> Cuando el gran Gichi-Kuktai era *mikado,* condenó a la decapitación a Jijiji Ri, alto funcionario de la Corte. Poco después del momento señalado para la ceremonia, ¡cuál no sería la sorpresa de Su Majestad al ver que el hombre que debió morir diez minutos antes, se acercaba tranquilamente al trono!
>
> —¡Mil setecientos dragones! —exclamó el enfurecido monarca—. ¿No te condené a presentarte en la plaza del mercado para que el verdugo público te cortara la cabeza a las tres? ¿Y no son ahora las tres y diez?

—Hijo de mil ilustres deidades —respondió el ministro condenado—, todo lo que dices es tan cierto, que en comparación la verdad es mentira. Pero los soleados y vivificantes deseos de Vuestra Majestad han sido pestilentemente descuidados. Con alegría corrí y coloqué mi cuerpo indigno en la plaza del mercado. Apareció el verdugo con su desnuda cimitarra, ostentosamente la floreó en el aire y luego, dándome un suave toquecito en el cuello, se marchó, apedreado por la plebe, de quien siempre he sido un favorito. Vengo a reclamar que caiga la justicia sobre su deshonorable y traicionera cabeza.

—¿A qué regimiento de verdugos pertenece ese miserable de negras entrañas?

—Al gallardo Nueve Mil Ochocientos Treinta y Siete. Le conozco. Se llama Sakko-Samshi.

—Que le traigan ante mí —dijo el *mikado* a un ayudante, y media hora después el culpable estaba en su presencia.

—¡Oh, bastardo, hijo de un jorobado de tres patas sin pulgares! —rugió el soberano—. ¿Por qué has dado un suave toquecito al cuello que debiste tener el placer de cercenar?

—Señor de las Cigüeñas y de los Cerezos —respondió, inmutable el verdugo—, ordénale que se suene las narices con los dedos.

Lo ordenó el rey, Jijiji Ri se sujetó la nariz y resopló como un elefante. Todos esperaban ver cómo la cabeza cercenada saltaba con violencia, pero nada ocurrió. La ceremonia prosperó pacíficamente hasta su fin.

Todos los ojos se volvieron entonces al verdugo, quien se había puesto tan blanco como las nieves que coronan el Fujiyama. Le temblaron las piernas y respiraba con un jadeo de terror.

—¡Por mil leones de colas de bronce! —gritó—. ¡Soy un espadachín arruinado y deshonrado! ¡Golpeé sin fuerza al villano, porque al florear la cimitarra le hice atravesar por accidente mi propio cuello! Padre de la Luna, renuncio a mi cargo.

Dicho esto, aferró su coleta, levantó su cabeza y avanzando hacia el trono la depositó humildemente a los pies del *mikado*.

Cínico. *s.* Miserable cuya defectuosa vista le hace ver las cosas como son y no como debieran ser. Los escitas acostumbran arrancar los ojos a los cínicos para mejorarles la visión.

Circo. *s.* Lugar donde se permite a caballos, ponis y elefantes contemplar a hombres, mujeres y niños haciendo de payasos.

Cita. *s.* Repetición errónea de palabras ajenas.

Clarinete. *s.* Instrumento de tortura manejado por un intérprete con algodón en los oídos. Hay dos instrumentos peores que un clarinete: dos clarinetes.

Cleptómano. *s.* Ladrón rico.

Clérigo. *s.* Hombre que se encarga de administrar nuestros asuntos espirituales, como método de favorecer sus asuntos temporales.

Clío. *s.* Una de las nueve musas. La función de Clío era presidir la Historia. Lo hizo con gran dignidad. Muchos de los ciudadanos prominentes de Atenas ocuparon asientos en el estrado cuando hablaban los señores Jenofonte, Heródoto y otros oradores populares.

Club. *s.* Asociaciones de hombres cuyos fines son las borracheras, las comilonas, los chistes obscenos, el asesinato, la blasfemia y la difamación de madres, esposas y hermanas. Debo esta definición a varias señoras bien informadas porque sus maridos pertenecen a diversos clubes.

Cobarde. *adj.* Dícese del que en una emergencia peligrosa, piensa con las piernas.

Cociente. *s.* Número que expresa la cantidad de veces que una suma de dinero perteneciente a una persona está contenida en el bolsillo de otra; la cifra exacta depende de la capacidad del bolsillo.

Col. *s.* Legumbre familiar comestible, similar en tamaño e inteligencia a la cabeza de un hombre. La col deriva su nombre del príncipe Colius, que al subir al trono nombró por decreto un Supremo Consejo Imperial formado por los ministros del gabinete anterior y por las coles del jardín real. Cada vez que una medida política de Su Majestad fracasaba rotundamente, se anunciaba con toda solemnidad que varios miembros del Supremo Consejo habían sido decapitados, y con esto se acallaban las murmuraciones de los súbditos.

Cola. *s.* Parte del espinazo de un animal que ha superado sus limitaciones naturales para llevar una existencia independiente en un mundo propio. Salvo en el estado fetal, el hombre carece de cola, privación cuya conciencia hereditaria se manifiesta en los faldones de la levita masculina y la «cola» del vestido femenino, así como en una tendencia a adornar esa parte de su vestimenta donde debería estar —e indudablemente estuvo alguna vez— la cola. Esta tendencia es más observable en la hembra de la especie, en quien ese sentimiento ancestral es fuerte y persistente. Los hombres con cola que describe lord Monbodde son, según se cree ahora, el producto de una imaginación extraordinariamente susceptible a influencias generadas en la edad dorada de nuestro antepasado simio.

Comedia. *s.* Obra teatral donde no matan a ningún actor.

Comer. *v. i.* Realizar sucesivamente (y con éxito) las funciones de la masticación, salivación y deglución.

—Me encontraba en mi salón, gozando de la cena... —dijo un día Brillat-Savarin, comenzando una anécdota.

—¡Qué! —le interrumpió Rochebriant—. ¿Cenando en el salón?

—Le ruego observar, señor —explicó el gran gastrónomo—, que yo no dije que estaba cenando, sino gozando de la cena. Había cenado una hora antes.

Comercio. *s.* Especie de transacción en que A roba a B los bienes de C, y en compensación B sustrae del bolsillo de D dinero perteneciente a E.

Comestible. *adj.* Dícese de lo que es bueno para comer, y fácil de digerir, como un gusano para un sapo, un sapo para una víbora, una víbora para un cerdo, un cerdo para un hombre, y un hombre para un gusano.

Compañera. *s.* Esposa o media naranja amarga.

Complacer. *v. t.* Poner los cimientos para una superestructura de imposiciones.

Cómplice. *s.* El que con pleno conocimiento de causa se asocia al crimen de otro; como el abogado que defiende a un criminal, sabiéndole culpable. Este punto de vista no ha merecido hasta ahora la aprobación de los abogados, porque nadie les ofreció honorarios para que lo aprobaran.

Comprometido. *adj.* Provisto de un aro en el tobillo para sujetar la cadena y los grilletes.

Compromiso. *s.* Arreglo de intereses en conflicto que da a cada adversario la satisfacción de pensar que ha conseguido lo que no debió conseguir, y que no le han despojado de nada salvo lo que en justicia le correspondía.

Compulsión. *s.* La elocuencia del poder.

Conciencia. *s.* Estado mórbido del estómago que afecta a la materia gris del cerebro produciendo malestar psíquico.

Condolerse. *v. r.* Demostrar que el luto es un mal menor que la simpatía.

Conferenciante. *s. t.* Alguien que le pone a usted la mano en su bolsillo, la lengua en su oído y la fe en su paciencia.

Confidente. *s.* Aquel a quien A confía los secretos de B, que el mismo confidente había confiado a C.

Confort. *s.* Estado de ánimo producido por la contemplación de la desgracia ajena.

Congratulaciones. *s.* Cortesía de la envidia.

Congreso. *s.* Grupo de hombres que se reúnen para derogar leyes.

Conocedor. *s.* Especialista que sabe todo acerca de algo y nada acerca de lo demás.

Se cuenta de un viejo borracho que resultó gravemente herido en un choque de trenes; para revivirle, le vertieron un poco de vino sobre los labios. «Pauillac, 1873», murmuró, y expiró.

Conocido. *s.* Persona a quien conocemos lo bastante para pedirle dinero prestado, pero no lo suficiente para prestarle. Grado de amistad que llamamos superficial cuando el sujeto es pobre y oscuro, e íntimo cuando es rico y famoso.

Consejo. *s.* La menos valiosa de las monedas en curso.

Conservador. *adj.* Dícese del estadista enamorado de los males existentes, por oposición al liberal, que desea reemplazarlos por otros.

Consuelo. *s.* Saber que un hombre mejor que tú ha tenido peor suerte.

Cónsul. *s.* En política americana, persona que no habiendo podido obtener un cargo público por elección del pueblo, lo consigue del gobierno a condición de abandonar el país.

Consultar. *v. t.* Requerir la aprobación de otro para tomar una decisión ya resuelta.

Controversia. *s.* Batalla en que la saliva o la tinta reemplazan al insultante cañonazo o a la desconsiderada bayoneta.

Convencido. *adj.* Equivocado a voz en grito.

Convento. *s.* Lugar de retiro para las mujeres que desean tener tiempo libre para meditar sobre el vicio de la pereza.

Conversación. *s.* Feria donde se exhibe la mercancía mental menuda, y donde cada exhibidor está demasiado preocupado en exponer sus propios artículos como para observar los del vecino.

Corazón. *s.* Bomba muscular automática que hace circular la sangre. Figuradamente se dice que este útil órgano es la sede de las emociones y los sentimientos: bonita fantasía que no es más que el resabio de una creencia antaño universal. Sabemos ahora que sentimientos y emociones residen en el estómago y son extraídos de los alimentos mediante la acción química del jugo gástrico. El proceso exacto que convierte el *beefsteak* en un sentimiento (tierno o no según la edad del animal); las sucesivas etapas de elaboración por las que un sándwich de caviar se transmuta en rara fantasía y reaparece convertido en punzante epigrama; los maravillosos métodos funcionales de convertir un huevo duro en contrición religiosa, o una bomba de crema en suspiro sensible: todas estas cosas han sido pacientemente investigadas y expuestas con persuasiva lucidez por monsieur Pasteur. (Ver también mi monografía *Identidad esencial de los afectos espirituales con ciertos gases intestinales liberados en la digestión,* págs. 4 a 687.) En una obra titulada, según creo, *Delectatio Demonorum* (Londres, 1873) esta teoría de los sentimientos es ilustrada de modo sorprendente; para más información, se puede consultar el famoso tratado del profesor Dam sobre *El amor como producto de la maceración alimentaria.*

Coronación. *s.* Ceremonia de investir a un soberano con los signos externos y visibles de su derecho divino a ser volado por los aires con una bomba.

Corporación. *s.* Ingenioso artificio para obtener ganancia individual sin responsabilidad individual.

Corrector de pruebas. *s.* Malhechor que nos hace escribir tonterías. Afortunadamente, el linotipista las hace ininteligibles.

Corsario. *s.* Político de los mares.

Costumbre. *s.* Cadena de los hombres libres.

Cremona. *s.* Violín de alto precio, fabricado en Connecticut.

Cristiano. *s.* El que cree que el Nuevo Testamento es un libro de inspiración divina, que responde admirablemente a las necesidades espirituales de su vecino. El que sigue las enseñanzas de Cristo en la medida que no resulten incompatibles con una vida de pecado.

Crítico. *s.* Persona que se jacta de lo difícil que es satisfacerle, porque nadie pretende hacerlo.

Cruz. *s.* Antiguo símbolo religioso, cuya significación se atribuye erróneamente al más solemne acontecimiento en la historia de la Cristiandad, pero que en realidad es anterior en milenios. Muchos la han creído idéntica a la *crux ansata* del viejo culto fálico, pero su origen se ha rastreado mucho más lejos, hasta los ritos de los pueblos primitivos. En nuestros días, tenemos la Cruz Blanca, símbolo de castidad, y la Cruz Roja, emblema de benévola neutralidad en tiempos de guerra.

Cuadro. *s.* Representación en dos dimensiones de un aburrimiento que tiene tres.

Cuartel. *s.* Edificio donde los soldados disfrutan de parte de lo que profesionalmente despojan a otros.

Cui bono? *(expresión latina).* ¿De qué me serviría «a mí»?

Cupido. *s.* El llamado dios del Amor. Esta creación bastarda de una bárbara fantasía fue indudablemente infligida a la mitología para que purgara los pecados de sus dioses. De todas las concepciones desprovistas de belleza y de verdad, ésta es la más irracional y ofensiva. La ocurrencia de simbolizar el amor sexual mediante un bebé semiasexuado, de comparar los dolores de la pasión con flechazos, de introducir en el arte este homúnculo gordito para materializar el espíritu sutil y lo sugerente del tema, todo esto es digno de una época que, después de darlo a luz, lo abandonó en el umbral de la posteridad.

Curandero. *s.* Asesino sin licencia.

Curiosidad. *s.* Reprensible cualidad de la mente femenina. El deseo de saber si una mujer es, o no, víctima de esa maldición, constituye una de las pasiones más activas e insaciables del alma masculina.

D

Dados. *s.* Pequeños cubos de marfil con puntitos en las caras, fabricados como un abogado, para caer siempre del mismo lado, aunque normalmente del equivocado.

Datario. *s.* Alto dignatario de la Iglesia Católica Romana, que tiene la importante función de estampar sobre las bulas papales las palabras *Datum Romae.* Goza de un sueldo principesco y de la amistad de Dios.

Deber. (1) *s.* Lo que nos impulsa inflexiblemente en la dirección del lucro, por la vía del deseo.
(2) *v. t.* Tener (y mantener) una deuda. Antiguamente la palabra no significaba deuda sino posesión[3]; en la mente de muchos deudores existe todavía una gran confusión entre ambas cosas.

Debilidad. *s.* Facultad innata de la mujer tiránica que le permite dominar al macho de la especie, sujetándole a su voluntad y paralizando sus energías rebeldes.

Decálogo. *s.* Serie de diez mandamientos: número suficiente para permitir una selección inteligente de los que se quiere observar.

Decidir. *v. t.* Sucumbir a la preponderancia de un grupo de influencia sobre otro grupo de influencia.

---

[3] En inglés *to owe* (adeudar) y *to own* (poseer) se pronuncian de modo parecido.

Degenerado. *adj.* Menos admirable que sus antepasados. Los contemporáneos de Homero eran notables ejemplos de degeneración; hacían falta diez de ellos para alzar una roca o promover un motín que cualquier héroe de la guerra troyana habría alzado o promovido con facilidad.

Degradación. *s.* Una de las etapas del progreso moral y social que lleva de la humilde posición privada al privilegio político.

Deíparo. *s.* Que pare o es capaz de parir dioses.

Dejeuner. *s.* El desayuno de un norteamericano que ha estado en París. Hay varias pronunciaciones.

Delegado. *s.* Pariente de un funcionario. El delegado es, por lo general, un bello joven con una corbata roja y un intrincado sistema de telarañas que bajan de su nariz a su escritorio. Cuando el ordenanza le golpea accidentalmente con la escoba, despide una nube de polvo.

Deliberación. *s.* Acto de examinar el pan para saber de qué lado tiene mantequilla.

Demagogo. *s.* Adversario político.

Dentista. *s.* Prestidigitador que nos pone una clase de metal en la boca y nos saca otra clase de metal del bolsillo.

Dependiente. *adj.* Dícese del que confía en la generosidad de otro cuando no puede abusar de sus temores.

Depresión. *s.* Estado de ánimo provocado por el chiste de un periódico, la actuación de un cómico o la visión del éxito ajeno.

Derecho. *s.* Autoridad legítima para ser, hacer o tener; verbigracia, el derecho a ser rey, hacer trampas al prójimo o tener el sarampión.

Desagravio. *s.* Reparación sin satisfacción. Entre los anglosajones, el súbdito que se creía ofendido por el rey, y demostraba la ofensa, podía azotar una imagen de bronce del ofensor con una vara que luego era aplicada a su espalda desnuda. Este rito era oficiado por el verdugo, lo que garantizaba que el ofendido eligiese una vara de tamaño razonable.

Desertar. *v. i.* Cambiar bruscamente de opinión y pasarse a otro bando. La deserción más notable de que hay constancia es la de Saulo de Tarso, quien ha sido severamente criticado como tránsfuga por algunos de nuestros periódicos políticos.

Desgracia. *s.* Enfermedad que se contrae al exponerse a la prosperidad de un amigo.

Desmemoria. *s.* Don que otorga Dios a los deudores, para compensarlos por su falta de conciencia.

Desobedecer. *s.* Celebrar con una ceremonia apropiada la madurez de una orden.

Desobediencia. *s.* Envoltura plateada de una nube de servidumbre.

Desposada. *s.* Mujer que tiene a su espalda una brillante perspectiva de felicidad.

Desprecio. *s.* Sentimiento que experimenta un hombre prudente ante un enemigo demasiado temible para hacerle frente sin peligro.

Destino. *s.* Justificación del crimen de un tirano; pretexto del fracaso de un imbécil.

Desvencijado. *adj.* Perteneciente a cierto orden arquitectónico, también llamado Americano Normal. La mayoría de los edificios públicos de los Estados Unidos pertenecen al Orden Desvencijado. Los recientes agregados a la Casa Blanca de Washington pertenecen al Theodórico[4], orden eclesiástico de los dorios. Son muy hermosos y cuestan un centenar de dólares por ladrillo.

Detener. *v. t.* Arrestar a alguien acusado de conducta insólita.

«Dios hizo el mundo en seis días y se detuvo el séptimo».

Versión no autorizada de la Biblia.

Deuda. *s.* Ingenioso sustituto de la cadena y el látigo del negrero.

Devoción. *s.* Reverencia hacia el Ser Supremo, basada en su presunta semejanza con el hombre.

---

[4] Alusión a Theodore Roosevelt, presidente norteamericano.

Día. *s.* Período de veinticuatro horas, en su mayor parte desperdiciado. Se divide en el día propiamente dicho, y la noche, o día impropiamente dicho; el primero se consagra a los pecados financieros, y la segunda a los otros pecados. Estas dos clases de actividad social se complementan.

Diablo. *s.* Culpable de todos nuestros males y causante de todo lo bueno que hay en el mundo. Lo creó el Todopoderoso, pero lo trajo al mundo una mujer.

Diafragma. *s.* Tabique muscular que separa los trastornos del tórax de los trastornos intestinales.

Diagnóstico. *s.* Pronóstico de una enfermedad que realiza el médico tomando el pulso y la bolsa[5] al paciente.

Diamante. *s.* Mineral que suele encontrarse debajo de un corsé. Soluble en solicitato de oro.

Diana. *s.* Señal que se hace a los soldados dormidos para que dejen de soñar con campos de batalla, se levanten y pongan en fila sus narices para ver si falta alguna.

Diario íntimo. *s.* Registro cotidiano de aquellos episodios de la vida que uno puede contarse a sí mismo sin sonrojo.

Diccionario. *s.* Perverso artificio literario que paraliza el crecimiento de una lengua, además de quitarle soltura y elasticidad. El presente diccionario, sin embargo, es una obra útil.

Dictador. *s.* Mandatario de un país que prefiere la pestilencia del despotismo a la plaga de la anarquía.

Difamar. (1) *v. t.* Atribuir maliciosamente a otro vicios que no hemos tenido la oportunidad ni la tentación de practicar.

(2) *v. t.* Decir mentiras sobre otro. Decir verdades sobre otro.

Digestión. *s.* Conversión de vituallas en virtudes. Cuando el proceso es imperfecto, nacen vicios en lugar de virtudes. De esta circunstancia infiere maliciosamente el doctor Jeremiah Blenn que las damas son las que más sufren de dispepsia.

---

[5] En inglés hay un juego de palabras: *the patient's pulse an purse.*

Diluvio. *s.* El primero y más notable de los experimentos de bautismo, que lavó todos los pecados (y los pecadores) del mundo.

Dinero. *s.* Bien que no nos sirve de nada hasta que nos separamos de él. Muestra de cultura y pasaporte para una sociedad elegante. Posesión soportable.

Diplomacia. *s.* Arte de mentir en nombre del país.

Discriminar. *v. t.* Señalar los aspectos en que una persona o cosa es, si cabe, más criticable que en otros.

Disculparse. *v. i.* Sentar las bases para una ofensa futura.

Discusión. *s.* Método de confirmar a los demás en sus errores.

Disimular. *v. t.* e *i.* Ponerse una camisa limpia en el carácter.

Distancia. *s.* Único bien que los ricos permiten mantener a los pobres.

Disuadir. *v. t.* Proponer a otro un error mucho mayor que el que está a punto de cometer.

Diversión. *s.* Cualquier clase de entretenimiento cuyas incursiones se detienen, por simple tristeza, a corta distancia de la muerte.

Dolor. *s.* Estado de ánimo ingrato, que puede tener una base física, o ser puramente mental y causado por la felicidad ajena.

Doncella. *s.* Joven del sexo desagradable, de conducta imprevisible y opiniones que incitan al crimen. El género tiene una amplia distribución geográfica: se encuentra a la doncella dondequiera se la busque, y se la deplora dondequiera se la encuentre. No es totalmente desagradable para la vista ni (prescindiendo de su piano y de sus ideas) insoportable al oído, aunque en punto a belleza es netamente inferior al arcoíris, y en lo que toca a su parte sonora no admite comparación con el canario, que por añadidura es más fácil de transportar.

Dos veces. *adv.* Una vez de más.

Dote. *s.* Gusano en el anzuelo del matrimonio para pescar hombres.

Dragón. *s.* Soldado que une el arrojo a la calma en proporciones tan iguales, que avanza a pie y huye a caballo.

Dramaturgo. *s.* Dícese del que adapta obras del francés.

Druidas. *s.* Sacerdotes de una antigua religión céltica, que no desdeñaban la humilde ofrenda del sacrificio humano. En la actualidad se sabe muy poco de los druidas y de su fe. Plinio dice que su religión, originada en las islas Británicas, se extendió hacia el Este hasta Persia. César afirma que los que deseaban estudiar sus misterios iban a Britania. El propio César fue a Britania, pero no parece que obtuviera una posición muy elevada en la Iglesia Druídica, a pesar de su talento en materia de sacrificios humanos. Los druidas practicaban sus ritos en los bosques, y no sabían nada de hipotecas eclesiásticas, ni del sistema de abonos de pago por un reclinatorio en el templo. Eran, en suma, paganos e inclusive, según un distinguido prelado de la iglesia anglicana, disidentes.

Duelo. *s.* Ceremonia solemne previa a la reconciliación de dos enemigos. Para cumplirla satisfactoriamente hace falta gran habilidad; si se practica con torpeza, pueden sobrevenir las más imprevistas y deplorables consecuencias. Hace mucho tiempo, un hombre perdió la vida en un duelo.

E

Economía. *s.* Compra del barril de wiski que no se necesita por el precio de la vaca que no se tiene.

Ecuanimidad. *s.* Disposición de soportar ofensas con actitud humilde, mientras se madura un plan de venganza.

Educación. *s.* Lo que descubre al sabio y oculta al necio su falta de comprensión.

Efecto. *s.* El segundo de dos fenómenos que ocurren siempre en el mismo orden. Se dice que el primero, llamado Causa, genera al segundo. Sería igualmente sensato, para quien nunca hubiera visto un perro persiguiendo un conejo, afirmar que el conejo es la causa del perro.

Egoísta. (1) *s.* Persona de mal gusto, que se interesa más por sí mismo que por mí.

(2) *adj.* Quien no respeta el egoísmo de los demás.

Ejecutivo. *s.* Rama del gobierno que hace cumplir los deseos del legislativo hasta que el poder judicial los declara nulos y sin efecto. Damos a continuación un extracto de un viejo libro titulado *El selenita perplejo* (Pfeiffer & Co., Boston, 1803):

> Selenita.   Entonces, cuando vuestro Consejo ha aprobado una ley, ¿va inmediatamente a la Corte Suprema para que dictamine si es constitucional?

TERRÁQUEO. ¡Oh, no! La ley no necesita la aprobación de la Corte Suprema. A veces pasan años antes de que un abogado la objete en nombre de su cliente. Si el presidente la aprueba, entra en vigor en el acto.

SELENITA. Ah, el poder ejecutivo es parte del legislativo. ¿Y la policía también debe aprobar los edictos que hace cumplir?

TERRÁQUEO. Todavía no... En términos generales, sin embargo, todas las leyes exigen la aprobación de aquellos a quienes se proponen reprimir.

SELENITA. Ya veo. La sentencia de muerte no es válida hasta que no la firma el asesino.

TERRÁQUEO. Amigo mío, usted exagera. No somos tan coherentes.

SELENITA. Pero este sistema de mantener una costosa maquinaria judicial que sólo se pronuncia sobre la validez de las leyes mucho después de que han empezado a ejecutarse, y sólo en el caso de que un ciudadano particular las someta a la Corte, ¿no provoca una gran confusión?

TERRÁQUEO. Así es, en efecto.

SELENITA. ¿Por qué entonces no hacer ratificar las leyes por la Corte Suprema, antes que por el presidente?

TERRÁQUEO. Porqué ese sistema no tiene precedentes.

SELENITA. ¿Qué es un precedente?

TERRÁQUEO. Algo que ha sido definido por trescientos juristas a razón de tres volúmenes cada uno. ¿Cómo podríamos saberlo?

Elector. *s.* El que goza del sagrado privilegio de votar a un candidato que eligieron otros.

Electricidad. *s.* Fuerza causante de todos los fenómenos naturales a los que no se puede atribuir otra causa. Es la misma cosa que el rayo, y su famosa tentativa de fulminar al doctor Franklin es uno de los más pintorescos incidentes en la carrera de ese hombre grande y bueno. La memoria del doctor Franklin es justamente venerada, sobre todo en Francia, donde recientemente se exhibió una efigie de cera que le representaba, con esta conmovedora reseña de su vida y de sus servicios a la ciencia:

Monsieur Franklin, inventor de la electricidad. Este ilustre sabio después de realizar varios viajes alrededor del mundo, murió en las islas

Sandwich y fue devorado por los salvajes, sin que jamás se recuperase de él un solo fragmento.

La electricidad parece destinada a desempeñar un papel importantísimo en las artes y la industria. El problema de su aplicación económica a ciertos fines aún no está resuelto, pero se ha probado que impulsa un tranvía mejor que un mechero de gas, y que da más luz que un caballo.

Elegía. *s.* Composición en verso, donde sin emplear ninguno de los métodos del humorismo, el autor intenta producir en la mente del lector la más profunda depresión. El ejemplo inglés más célebre empieza más o menos así:

> El perro anuncia el moribundo día,
>
> la grey mugiendo hacia el redil se aleja,
>
> a casa el sabio el lento paso guía
>
> y el mundo a mis estupideces deja[6].

Elíseo. *s.* País imaginario y encantador que los antiguos neciamente creían habitado por las almas de los buenos. Esta fábula ridícula y maliciosa fue barrida de la superficie de la tierra por los primeros cristianos: ¡que sus almas sean felices en el cielo!

Elocuencia. *s.* Arte oral de persuadir a los tontos de que lo blanco es blanco. Incluye el don de hacer creer que cualquier color es blanco.

Elogio. *s.* Tributo que pagamos a realizaciones que se parecen a las nuestras sin igualarlas.

Emancipación. *s.* Cambio por el que un esclavo cambia la tiranía de otro por el despotismo propio.

Embajador. *s.* Ministro de alto rango sostenido por un gobierno en la capital de otro gobierno para que haga lo que quiera su mujer.

---

[6] Parodia de la *Elegía en un cementerio de Aldea,* de THOMAS GRAY, que en la traducción castellana de Miralla dice:

La esquila toca el moribundo día,
la grey mugiendo hacia el redil se aleja,
a casa el labrador sus pasos guía
y el mundo a mí y a las tinieblas deja.

Embalsamar. *v. t.* Engañar a la vegetación, aprisionando los gases de que se alimenta. Embalsamando sus muertos y, en consecuencia, perturbando el equilibrio natural entre vida animal y vegetal, los egipcios convirtieron un país fértil y poblado en otro estéril e incapaz de alimentar a sus escasos habitantes. El moderno sistema de entierro en un ataúd metálico es un paso en la misma dirección, y más de un muerto que, a estas horas, convertido en árbol, debería estar adornando el parque del vecino, o enriqueciendo su mesa en forma de rabanitos, se ve condenado a una larga inutilidad. Si sobrevivimos y esperamos un poco, conseguiremos aprovecharlo, pero entretanto la violeta y la rosa languidecen por no poder morder un *glutoeus maximus*.

Embriagarse. *v. tr.* Celebrar con el debido ritual el nacimiento de un respetable dolor de cabeza.

Embuste. *s.* Mentira que no se ha arrancado los dientes. La mayor aproximación a la verdad de un mentiroso consuetudinario; el perigeo de su órbita excéntrica.

Emoción. *s.* Enfermedad postrante causada por el ascenso del corazón a la cabeza. A veces viene acompañada de una copiosa descarga del cloruro de sodio disuelto en agua, proveniente de los ojos.

Empalamiento. *s.* Enfermedad postrante causada por el ascenso del arma que permanece fija en la herida. Esto, sin embargo, es inexacto; empalar es, propiamente, dar muerte introduciendo en el cuerpo de la víctima, que está sentada, una estaca recta y puntiaguda. Era una forma común de castigo en muchas naciones de la Antigüedad, y sigue estando en boga en China y otras partes de Asia. Hasta comienzos del siglo xv fue extensamente empleada para catequizar a herejes y cismáticos. Wolecraft la llama el «banquillo del arrepentimiento», y entre el vulgo se decía jocosamente que el empalado «cabalgaba el caballo de una sola pata». Ludwing Salzmann nos informa que en el empalamiento se considera el castigo más apropiado de los crímenes contra la religión, y aunque se usa a veces para penar delitos seculares, casi siempre se reserva para casos de sacrilegio. Pero al que en la práctica sufre el empalamiento le importa poco establecer qué clase de disidencia, civil o religiosa, le vale semejante incomodidad; aunque indudablemente experimentaría cierta satisfacción si pudiera contemplarse convertido en gallo de veleta sobre la cúpula de la Verdadera Iglesia.

Empujón. *s.* Una de las dos cosas que llevan al éxito, especialmente en política. La otra es el tirón.

Encomio. *s.* Una clase especial (aunque no particular) de mentira.

Enemigo. *s.* Individuo que, llevado por su naturaleza perversa, niega nuestros méritos o muestra la superioridad de los suyos.

Entendimiento. *s.* Secreción cerebral que permite a quien la posee distinguir una casa de un caballo, gracias al tejado de la casa. Su naturaleza y sus leyes han sido exhaustivamente expuestas por Locke, que cabalgó sobre una casa, y por Kant, que vivió en un caballo.

Entrañas. *s.* Estómago, corazón, alma y otros intestinos. Muchos investigadores eminentes no clasifican el alma como una entraña, pero el agudo y prestigioso observador doctor Gunsaulus está convencido de que nuestra parte inmortal es ese misterioso órgano llamado *spleen*[7]. Por el contrario, el profesor Garret P. Servis sostiene que el alma del hombre es esa prolongación de la médula espinal que forma el hueco de su falta de cola, y para probar su teoría, señala confiadamente el hecho de que los animales con cola carecen de alma. Frente a ambas teorías, lo mejor es suspender el juicio dando crédito a las dos.

Entreacto. *s.* Intervalo lúcido de un actor, durante el cual habla normalmente.

Entusiasmo. *s.* Dolencia de la juventud, curable con pequeñas dosis de arrepentimiento y aplicaciones externas de experiencia.

Envidia. *s.* Emulación adaptada a la capacidad más ruin.

Epicúreo. *s.* Adversario de Epicuro, filósofo abstemio que, sosteniendo que el placer debía ser la meta principal del hombre, no perdió el tiempo en gratificar los sentidos.

Epigrama. *s.* Dicho breve y agudo, en prosa o en verso, que a menudo se caracteriza por su acrimonia, y a veces por su sabiduría.

---

[7] Bazo, y también tedio.

He aquí algunos de los epigramas más notables del erudito e ingenioso doctor Jamrach Holobom:

Conocemos mejor nuestras necesidades que las ajenas. Servirse a sí mismo es economía administrativa.

En cada corazón humano hay un tigre, un cerdo, un asno y un ruiseñor. La diversidad de los caracteres se debe a lo desigual de su actividad.

Existen tres sexos: los hombres, las mujeres y las muchachas.

La belleza en las mujeres y la distinción en los hombres se parecen en que el irreflexivo las toma por una prueba de sinceridad.

En el amor, las mujeres se avergüenzan menos que los hombres. Tienen menos de qué avergonzarse.

Cuando un amigo te toma afectuosamente ambas manos, estás a salvo; puedes vigilárselas.

Epitafio. *s.* Inscripción que, en una tumba, demuestra que las virtudes adquiridas por la muerte tienen un efecto retroactivo.

Ermitaño. *s.* Persona cuyos vicios y locuras no se ejercen en sociedad.

Erudición. *s.* Polvo que sale de un libro para caer en una cabeza hueca.

Escarabajo. *s.* Insecto sagrado de los antiguos egipcios. Presuntamente simbolizaba la inmortalidad, y el hecho de que sólo Dios supiera por qué, le daba su peculiar santidad. Es posible que la costumbre de incubar sus huevos en una bola de estiércol le haya granjeado el favor del clero, y que algún día le procure devoción similar entre nosotros. Es cierto que el escarabajo norteamericano es un escarabajo inferior, pero el sacerdote norteamericano también es inferior.

Escarificación. *s.* Forma de penitencia practicada por los devotos medievales. El rito se efectuaba a veces con un cuchillo, a veces con un hierro caliente, pero (dice Arsenius Asceticus) siempre era aceptable si al penitente no se le ahorraba dolor ni mutilación inofensiva alguna. La escarificación, como otras groseras penitencias, ha sido actualmente reemplazada por la beneficencia. La fundación de una biblioteca o un donativo a una universidad, infligen al penitente, según se dice, un dolor más agudo y perdurable que el cuchillo o el hierro, y son, pues, un medio más seguro de alcanzar la gracia. Como método penitencial, empero, tiene dos graves inconvenientes: el bien que hace y la mácula de la justicia.

Escriba. *s.* Escritor profesional de opiniones antagónicas a las nuestras.

Escrituras. *s.* Los sagrados libros de nuestra santa religión, por oposición a los escritos falsos y profanos en que se fundan todas las otras religiones.

Esotérico. *adj.* Abstruso en forma muy particular, y consumadamente oculto. Las filosofías antiguas eran de dos clases: «exotéricas», o sea aquellas que los propios filósofos podían comprender en parte, y «esotéricas», o sea las que nadie podía comprender. Estas últimas son las que han afectado más profundamente al pensamiento moderno y las que han tenido mayor aceptación en nuestro tiempo.

Espalda. *s.* Parte del cuerpo de un amigo que uno tiene el privilegio de contemplar en la adversidad.

Espejo. *s.* Cristal plano sobre el que aparece un efímero espectáculo que produce desilusión al hombre.

El rey tenía un espejo mágico, donde el que miraba, veía, no su imagen, sino la del rey. Cierto cortesano que durante mucho tiempo había gozado del favor real y en consecuencia se había enriquecido más que cualquier otro súbdito, dijo al monarca: «Dame, te lo ruego, tu maravilloso espejo, para que cuando me encuentre apartado de tu augusta presencia pueda, a pesar de todo, rendir homenaje a tu sombra visible, postrándome día y noche ante la gloria de tu benigno semblante, cuyo divino esplendor nada supera, ¡Oh, Sol Meridiano del Universo!».

Halagado por el discurso, el rey ordenó que el espejo se llevase al palacio del cortesano. Pero un día en que fue a visitarle sin anuncio previo encontró el espejo en un cuarto lleno de basura, nublado por el polvo y cubierto de telarañas. Esto le encolerizó tanto, que golpeó el espejo con el puño, rompió el cristal y se lastimó cruelmente. Más enfurecido aun con esta desgracia, ordenó que el ingrato cortesano fuera arrojado a la cárcel, y que el espejo fuese reparado y conducido a su propio palacio. Y así se hizo. Pero cuando el rey volvió a mirarse en el espejo, no vio su imagen, como antes, sino la figura de un asno con una venda sangrienta en una de las patas: que era lo mismo que siempre habían visto los autores del artificio, y los meros espectadores, sin atreverse a comentarlo. Tras recibir esta lección de sabiduría y caridad, el rey puso en libertad al cortesano, hizo instalar el espejo en el respaldo del trono y reinó largos años con justicia y humildad. Y al morir mientras dormía sentado en el trono, toda la corte vio en el espejo la luminosa figura de un ángel, que permanece hasta hoy.

Espiar. *v. i.* Escuchar secretamente un catálogo de los crímenes y vicios de otro, o de uno mismo.

Eterno. *adj.* Dícese de lo que dura para siempre. Con mucha timidez me atrevo a ofrecer esa breve y elemental definición, pues no ignoro la existencia de un enorme volumen del exobispo de Worcester titulado *Definición parcial de la palabra eterno, tal como se usa en la versión autorizada de las Santas Escrituras.* Este libro gozó antaño de mucho prestigio en el seno de la Iglesia Anglicana, y creo que todavía se estudia con placer para el intelecto y provecho para el alma.

Etnología. *s.* Ciencia que estudia las distintas tribus del hombre: por ejemplo, ladrones, asaltantes, estafadores, burros, lunáticos, idiotas y etnólogos.

Eucaristía. *s.* Fiesta sagrada de la secta religiosa de los Teófagos. En esta secta surgió una vez una infortunada disputa acerca de lo que comían. Dicha controversia ha causado ya la muerte a quinientas mil personas, sin que la cuestión se haya aclarado.

Evadirse. *v. tr.* Cambiar los peligros y molestias de una residencia fija por la seguridad y el confort de un viaje.

Evangelista. *s.* Portador de buenas nuevas, particularmente (en sentido religioso) las que garantizan nuestra salvación y la condenación del prójimo.

Excentricidad. *s.* Método de distinción tan vulgar que los tontos lo usan para acentuar su incapacidad.

Excepción. *s.* Cosa que se toma la libertad de diferir de las otras cosas de su clase, como un hombre honesto, una mujer veraz, etc. «La excepción confirma la regla», es un dicho que está siempre en boca de los ignorantes, quienes lo transmiten como loros de uno a otro, sin reflexionar en su absurdo. En latín, la expresión *Exceptio probat regulam* significa que la excepción «pone a prueba» la regla, y no que la confirma. El malhechor que vació esta excelente sentencia de todo su sentido, sustituyéndolo por otro diametralmente opuesto, ejerció un poder maligno que parece ser inmortal.

Exceso. *s.* En moral, indulgencia que hace cumplir, mediante penas apropiadas, la ley de la moderación.

Exceso de trabajo. *s.* Peligrosa enfermedad que afecta a los altos funcionarios que quieren ir de pesca.

Exhortar. *v. t.* En materia religiosa, poner la conciencia de otro en el asador y dorarla hasta que su incomodidad adquiera un tono pardo de nuez.

Exilado. *s.* El que sirve a su país viviendo en el extranjero, sin ser un embajador.

Éxito. *s.* El único pecado imperdonable contra nuestros semejantes.

Experiencia. *s.* Sabiduría que nos permite reconocer como una vieja e indeseable amistad a la locura que ya cometimos.

Expulsión. *s.* Remedio eficaz contra la enfermedad de la charlatanería. Muy usado también en casos de extrema pobreza.

Extinción. *s.* Materia prima con que la teología creó el estado futuro.

Extremidad. *s.* Rama de un árbol o pierna de una mujer norteamericana.

Extremo. *s.* La posición más alejada, en ambas direcciones, del interlocutor.

F

Falta. *s.* Cualquiera de mis pecadillos. Las tuyas son delitos. Infracción de la ley menos digna que el delito, por lo que no autoriza a ingresar en la élite de los criminales.

Familia. *s.* Grupo de individuos que habita en una casa, formado por un hombre, una mujer, niños, criados, perros, gatos, pajaritos, cucarachas, pulgas y moscas. Constituye la «unidad social» moderna.

Famoso. *adj.* Notoriamente miserable.

Fanático. *adj.* Dícese del que obstinada y ardorosamente sostiene una opinión que no es la nuestra.

Fantasma. *s.* Signo exterior y visible de un temor interior. Para explicar el comportamiento inusitado de los fantasmas, Heine menciona la ingeniosa teoría según la cual nos temen tanto como nosotros a ellos. Pero yo diría que no tanto, a juzgar por las tablas de velocidades comparativas que he podido compilar a partir de mi experiencia personal. Para creer en los fantasmas, hay un obstáculo insuperable. El fantasma nunca se presenta desnudo: aparece, ya envuelto en su sábana, ya con las ropas que usaba en vida. Creer en ellos, pues, equivale no sólo a admitir que los muertos se hacen visibles cuando ya no queda nada de ellos, sino que los productos textiles gozan de la misma facultad. Suponiendo que la tuvieran, ¿con qué fin la ejercerían?, ¿por qué no se da el caso de que un traje camine solo sin un fantasma dentro?

Son preguntas significativas, que calan hondo y se aferran convulsivamente a las raíces mismas de este floreciente credo.

Faro. *s.* Edificio elevado sobre una playa, donde el gobierno mantiene un farol y a un recomendado político.

Favor. *s.* Breve prólogo a diez volúmenes de exigencias.

Fe. *s.* Creencia sin pruebas en lo que alguien nos dice sin fundamento sobre cosas sin parangón.

Fealdad. *s.* Don de los dioses a ciertas mujeres que pueden ser virtuosas sin ser humildes.

Felicidad. *s.* Sensación agradable que nace de contemplar la miseria ajena.

Felón. *s.* Persona de más empuje que discreción, que al aprovechar una oportunidad ha elegido mal a sus cómplices.

Ferrocarril. *s.* El principal entre los medios mecánicos que nos permiten alejarnos de donde estamos hacia donde no estaremos mejor. El optimista lo prefiere por su rapidez.

Fiador. *s.* Tonto que poseyendo bienes propios se hace responsable de los que otro confía a un tercero.

> Felipe de Orleáns, queriendo designar para un alto cargo a uno de sus favoritos —un noble disoluto—, le preguntó qué garantía podía ofrecer. «No necesito fiador —repuso el noble—, puesto que puedo daros mi palabra de honor». Divertido, preguntó el regente: «Y eso, ¿cuánto vale?». Repuso el noble: «Señor, vale su peso en oro».

Fidelidad. *s.* Virtud que caracteriza a los que están a punto de ser traicionados.

Fiesta. *s.* Celebración religiosa generalmente caracterizada por la glotonería y la ebriedad, que suele realizarse para honrar a alguien que se distinguió por ser un santo y un abstemio. En la liturgia católica hay fiestas móviles y fijas, pero los celebrantes se quedan invariablemente fijos a la mesa, hasta que se han saciado. En su estadio primitivo, estos entretenimientos asumían la forma de festividades en honor de los muertos; fueron celebradas por los griegos con el nombre de «Nemesia», y también por los aztecas y los incas, y en tiempos modernos son populares entre los chinos; aunque se cree que los muertos de la antigüedad, como los de hoy, comían poco. Entre las numerosas fiestas de los romanos, se encontraban las «Novemdiale», que según Tito Livio, se celebraban cada vez que llovían piedras del cielo.

Filántropo. *s.* Anciano caballero, rico y generalmente calvo, que ha aprendido a sonreír mientras su conciencia le roba los bolsillos.

Filibustero. *s.* Pirata de poco calado, cuyas anexiones, carecen del mérito santificante de la magnitud.

Filisteo. *s.* Aquel cuya mente es producto de su medio, y cuyos pensamientos y sentimientos están dictados por la moda. A veces es culto, a menudo próspero, generalmente limpio y siempre solemne.

Filosofía. *s.* Camino de muchos ramales que conduce de ninguna parte a la nada.

Finanzas. *s.* Arte o ciencia de administrar ingresos y recursos para mayor beneficio del administrador.

Fisiognomía. *s.* Arte de determinar el carácter de otro por las semejanzas y diferencias entre su rostro y el nuestro, que es el canon de la excelencia.

Folclore. *s.* Sabiduría popular que abarca mitos y supersticiones. En la obra de Baring-Gould *Curiosos mitos de la Edad Media,* el lector encontrará el camino recorrido por muchos de ellos, a través de diversos pueblos y en líneas convergentes hacia un común origen en la remota antigüedad. Uno de los más generales y antiguos de esos mitos es el de *Alí Babá y los Cuarenta Rockefellers.*

Folletín. *s.* Obra literaria, generalmente una historia que no es verdadera y que se prolonga insidiosamente en varios números de un periódico o una revista. Cada entrega suele ir precedida de un «resumen de lo publicado», para los que no la han leído, pero sería más necesario un «resumen de lo que sigue», para los que no piensan leerlo. Lo mejor sería un resumen de todo.

El difunto James F. Browman estaba escribiendo un folletín para un semanario en colaboración con un genio cuyo nombre no ha llegado a nosotros. Trabajaban, no conjunta, sino alternativamente: una semana Browman escribía su capítulo, a la semana siguiente escribía su amigo, y de este modo pensaban seguir hasta el fin de los tiempos. Infortunadamente se enemistaron, y un lunes por la mañana, cuando Browman leyó el periódico para poder continuar la historia, descubrió que ésta había sido interrumpida de un modo calculado para sorprenderle y herirle. Su colaborador había embarcado a todos los personajes del relato en un buque y los había hundido en lo más profundo del Atlántico.

Fonógrafo. *s.* Juguete irritante que devuelve la vida a ruidos muertos.

Forma pauperis. *(expresión latina).* «En estado de pobreza», forma de presentación ante un juez que permite a éste fallar sin remordimiento contra quien carece de dinero para pagar un abogado.

Fotografía. *s.* Cuadro pintado por el sol sin previo aprendizaje del arte. Es algo mejor que el trabajo de un apache, pero no tan bueno como el de un indio cheyene.

Framde. *s.* Vida del comercio, alma de la religión, cebo del noviazgo y fundamento del poder político.

Frenología. *s.* Ciencia de vaciar el bolsillo a través del cráneo. Consiste en localizar y explorar el órgano que hace tonta a la gente.

Frontera. *s.* En geografía política, línea imaginaria entre dos naciones que separa los derechos imaginarios de una, de los derechos imaginarios de la otra.

Funeral. *s.* Ceremonia mediante la que demostramos nuestro respeto por los muertos enriqueciendo a las funerarias, y aumentamos nuestra congoja mediante gastos que intensifican nuestros gemidos y duplican nuestras lágrimas.

Futuro. *s.* Época en que nuestros asuntos prosperan, nuestros amigos son leales y nuestra felicidad está asegurada.

G

Ganso. *s.* Ave que suministra plumas para escribir que, gracias a un proceso oculto de la naturaleza, están impregnadas, en distinta medida, de la energía intelectual y el carácter del ganso, de suerte que al ser entintadas y deslizadas mecánicamente sobre un papel por una persona llamada «autor», resulta una transcripción bastante exacta de los pensamientos y sentimientos del ave. Las diferencias entre un ganso y otro, tal como se manifiestan a través de este ingenioso método, son considerables. Muchos gansos sólo poseen facultades triviales e insignificantes, pero otros son, en realidad, grandes gansos.

Gárgola. *s.* Desagüe saledizo en los tejados de los edificios medievales, que por lo común tiene la forma de una grotesca caricatura de un enemigo personal del arquitecto o del propietario. Esto ocurría sobre todo en las iglesias y edificios eclesiásticos, cuyas gárgolas ofrecían una verdadera «galería de delincuentes» formada por los herejes y disidentes locales. A veces, al entrar en funciones un nuevo deán y un nuevo capítulo, las viejas gárgolas eran reemplazadas por otras, más estrechamente relacionadas con los resentimientos privados de los nuevos titulares.

Gato. *s.* Autómata blando e indestructible que nos da la naturaleza para que le damos patadas cuando las cosas andan mal en el ámbito doméstico.

Genealogía. *s.* Estudio de nuestra filiación hasta llegar a un antepasado que no tuvo interés en averiguar la suya.

Generosidad. *s.* Liberalidad del que tiene mucho al permitir que quien no tiene nada, se procure todo lo que pueda.

Se afirma que una sola golondrina devora diez millones de insectos al año. Me parece un ejemplo notable de la generosidad con que el Creador provee a la subsistencia de sus criaturas.

Henry Ward Beecher.

Generoso. *adj.* Originariamente, esta palabra significa noble por nacimiento, y se aplicaba con propiedad a una gran multitud de personas. Ahora significa noble por naturaleza y va cayendo en desuso.

Génesis. *s.* Primero de los cinco libros sagrados que escribió Moisés. Su autoría es irrefutable: él nunca la negó.

Geógrafo. *s.* Sujeto que puede explicarnos sin titubear la diferencia entre lo que está fuera del mundo y lo que está dentro.

Geología. *s.* Ciencia de la corteza terrestre, que sin duda incluirá la del interior del globo cuando un charlatán salga de un pozo. Las formaciones geológicas del planeta ya observadas son: el Primario, o inferior, que está formado por rocas, huesos de mulas empantanadas, cañerías de gas, herramientas de mineros, viejas estatuas desnarigadas, doblones y antepasados. El Secundario está constituido principalmente por gusanos colorados y topos. El Terciario comprende vías férreas, pavimentos, hierbas, víboras, botines enmohecidos, botellas de cerveza, latas de tomate, ciudadanos intoxicados, basura, anarquistas, perros mordedores e imbéciles.

Glotón. *s.* Persona que escapa a los riesgos de la moderación incurriendo en dispepsia.

Gnóstico. *s.* Miembro de una secta de filósofos que trataron de fusionar a los primitivos cristianos con los platónicos. Los primeros no quisieron entrar en conversaciones, y la combinación falló, con gran fastidio de los promotores.

Gnu. *s.* Animal sudafricano, que en su forma domesticada se parece a un caballo, un búfalo y un ciervo. En estado salvaje, se parece a un rayo, un terremoto y un ciclón.

Gobierno monárquico. *s.* Gobierno.

Goma de mascar. *s.* Sustancia que usan muchos los jóvenes como sustitutivo de la resignación y del consuelo religioso.

Gota. *s.* Nombre que da el médico al reumatismo de un paciente rico.

Gracias. *s.* Tres bellas diosas, llamadas Aglaia, Thalía y Euphrosyne, que servían gratuitamente a Venus. No costaba nada mantenerlas, porque comían muy poco y se vestían según el tiempo, con la brisa que soplaba en ese momento.

Gramática. *s.* Sistema de trampas cuidadosamente preparadas en el camino por donde el autodidacta avanza hacia la distinción.

Gravitación. *s.* Tendencia de todos los cuerpos a acercarse unos a otros con fuerza proporcional a la cantidad de materia que contienen; la cantidad de materia que contienen se determina por la tendencia a acercarse unos a otros. Bello y edificante ejemplo de cómo la ciencia, después de hacer de A la prueba de B, hace de B la prueba de A.

Grosero. *adj.* El que recuerda a una señora los buenos ratos que pasaron juntos hace cuarenta años.

Guerra. *s.* Subproducto de las artes de la paz. Un período de amistad internacional es la situación política más amenazante. El estudioso de la historia que no ha aprendido a esperar lo inesperado, puede perder la esperanza de cualquier revelación. La máxima: «En tiempo de paz prepara la guerra» tiene un significado más profundo de lo que parece; quiere decir no sólo que todas las cosas terrestres tienen un fin, que el cambio es la única ley inmutable y eterna, sino que el terreno de la paz está sembrado con las semillas de la guerra y favorece su germinación y crecimiento.

Cuando Kubla Khan decretó su «majestuoso palacio de placeres», es decir cuando hubo paz en Xanadú y grandes festines, sólo entonces oyó a lo lejos antiguas voces que anunciaban guerra[8].

Coleridge era no sólo un gran poeta, sino un hombre sabio, y no en vano nos legó esta parábola. Necesitamos menos «manos tendidas por encima de los mares», y algo más de esa desconfianza elemental

---

[8]   Las dos citas pertenecen a *Kubla Khan,* poema inconcluso de COLERIDGE.

que constituye la seguridad de las naciones. La guerra se complace en venir como un ladrón por la noche, y la noche está hecha de promesas de amistad eterna.

Guillotina. *s.* Máquina que hace que un francés se encoja de hombros con buen motivo. En su gran obra sobre *Líneas divergentes de la evolución racial,* el erudito profesor Brayfugle argumenta que el predominio de ese gesto entre los franceses demuestra que descienden de la tortuga, y que es una simple supervivencia de la costumbre de replegar la cabeza al interior del caparazón. Me desagrada discordar con autoridad tan eminente, pero en mi opinión (detalladamente expuesta en mi obra *Emociones hereditarias,* libro II, capítulo XI), el encogimiento de hombros es una base demasiado débil para fundamentar una teoría tan importante, puesto que antes de la Revolución el gesto era desconocido. No dudo que tiene una relación directa con el terror que inspiró la guillotina cuando su uso estaba en auge.

H

Habeas corpus. *s.* Recurso judicial que permite sacar a un hombre de la cárcel cuando le han encerrado por un delito que no cometió, y no por los que realmente cometió.

Hábitos sacerdotales. *s. pl.* Traje abigarrado que usan los payasos de la Corte Celestial.

Hablar. *v. i.* Ser indiscreto sin ser tentado, movido por un impulso sin propósito.

Hada. *s.* Ser de formas diversas y variados dones que habitaba antiguamente en los prados y los bosques. Tenía hábitos nocturnos y era aficionada a la danza y al robo de niños. Los naturalistas sostienen que las hadas se han extinguido en la actualidad, aunque un clérigo anglicano vio tres en las proximidades de Colchester, en 1855, al atravesar un parque después de cenar con el dueño de un castillo. El espectáculo le sobresaltó de tal modo, que sólo pudo hacer un relato incoherente. En 1807, una banda de hadas visitó un bosque, cerca de Aix, y se llevó a la hija de un campesino que había entrado allí con un atado de ropas. Por la misma época desapareció el hijo de un adinerado burgués, aunque más tarde regresó. Había presenciado el rapto y perseguido a las hadas. Justinian Gaux, escritor del siglo XIV, asegura que el poder de transformación de las hadas es tan grande que en cierta oportunidad observó cómo una de ellas se convertía en dos ejércitos rivales que libraban una sangrienta batalla; al día siguiente, cuando el hada recuperó su forma original y se marchó, quedaron sobre el terreno setecientos cadáveres que debieron enterrar los campesinos. No aclara si alguno de los heridos sobrevivió. En tiempos de Enrique III de Inglaterra, se promulgó una ley que condenaba a muerte a quien «matare, hiriere o mutilare» a un hada. Esa ley fue universalmente acatada.

Hades. *s.* El mundo inferior; residencia de los espíritus difuntos; lugar donde viven los muertos. Entre los antiguos, el Hades no era sinónimo del Infierno, y algunos de los hombres más respetables de la Antigüedad residían allí muy cómodamente. En rigor, los propios Campos Elíseos eran parte del Hades, aunque más tarde se trasladaron a París. Cuando la versión jacobina del Nuevo Testamento estaba en proceso de evolución, la mayoría de los piadosos sabios ocupados en la obra insistieron en traducir la palabra griega Αιδηζ como «Infierno»; pero un concienzudo miembro de la minoría se apoderó secretamente de las actas y tachó la objetable palabra donde quiera la encontró. En la próxima reunión, el obispo de Salisbury, revisando la obra, se paró de un salto y exclamó, muy excitado: «¡Señores, alguien ha abolido el Infierno!».[9] Años después el prelado pudo morir en paz reflexionando en que (con la ayuda de la Providencia) había realizado una aportación útil e inmortal al inglés cotidiano.

Halo. *s.* En sentido lato, anillo luminoso que rodea un cuerpo astronómico; frecuentemente se lo confunde con la «aureola» o «nimbo», fenómeno bastante similar que usan a modo de sombrero los santos y divinidades. El halo es una ilusión puramente óptica, producida, como el arcoíris, por la humedad del aire; mientras que la aureola es conferida como signo de extraordinaria santidad, del mismo modo que la mitra de un obispo o la tiara del papa. En el cuadro *La Natividad* de Szedgkin, piadoso artista de Pesth, aparecen con el nimbo no sólo la Virgen y el Niño, sino un asno que come heno del pesebre sagrado y que, dicho sea en su perdurable honor, parece sobrellevar la insólita distinción con toda la gracia de un santo.

---

[9] *Raze hell* (arrasar el infierno) juega con la expresión *to raise hell* (armar un lío) que se pronuncia del mismo modo, y a la que se alude en la frase siguiente.

Harmonistas. *s.* Secta de protestantes, ahora extinguidos, que llegaron de Europa a comienzos del siglo XVIII y se distinguieron por la ferocidad de sus controversias y disensiones internas.

Hibernar. *v. i.* Pasar el invierno en reclusión doméstica. Las creencias populares sobre la hibernación de distintos animales son numerosas y raras. Muchos creen que el oso hiberna todo el invierno y subsiste lamiéndose mecánicamente las zarpas. Se admite que en la primavera sale de su retiro tan flaco, que tiene que probar dos veces antes de proyectar una sombra. Hace tres o cuatro siglos, en Inglaterra, se daba por sentado que las golondrinas pasan el invierno entre el lodo del fondo de los arroyos, agrupadas en masas globulares. La suciedad de ese medio, al parecer, las ha hecho desistir de semejante costumbre. En Asia Central, Sotus Escobius descubrió toda una tribu que practica la hibernación. Algunos investigadores creen que el ayuno de cuaresma fue originariamente una forma de hibernación a la que la Iglesia dio significado religioso.

Híbrido. *s.* Diferencia conciliada.

Hidra. *s.* Animal que en los antiguos catálogos figura bajo muchos encabezamientos.

Hiena. *s.* Bestia reverenciada por algunos pueblos orientales, gracias a su costumbre de saquear los cementerios. Lo mismo que hacen los estudiantes de medicina.

Hígado. *s.* Órgano rojo, de gran tamaño, que la naturaleza nos da previsoramente para permitirnos ser biliosos. Los sentimientos y emociones que residen en el corazón —como sabe ahora todo anatomista literario— infestaban el hígado según creencias más antiguas; e inclusive Gascoygne, hablando del lado emocional de la naturaleza humana, lo llama «nuestra parte hepática». En una época se le consideró la sede de la vida, de ahí su nombre (en inglés *liver,* vividor). Para el ganso, el hígado es un don del cielo; sin él no podría suministrarnos el *paté de foie.*

Hilo. *s.* Tela cuya fabricación, cuando está hecha de cáñamo, supone un gran desperdicio de cáñamo.

Hipócrita. *s.* El que profesando virtudes que no respeta se asegura la ventaja de parecer lo que desprecia.

Hipogrifo. *s.* Animal, ahora extinguido, que era mitad caballo y mitad grifo. El grifo en sí era un animal compuesto, mitad león y mitad águila. El hipogrifo, pues, sólo era un cuarto de águila, o sea dos dólares con cincuenta centavos en oro. El estudio de la zoología está lleno de sorpresas.

Historia. *s.* Relato casi siempre falso de hechos casi siempre nimios producidos por gobernantes casi siempre pillos o por militares casi siempre necios.

Historiador. *s.* Chismoso de altos vuelos.

Holgazanería. *s.* Granja modelo donde el diablo experimenta con semillas de nuevos pecados y promueve el desarrollo de vicios no experimentados aún.

Hombre. *s.* Animal tan inmerso, en la entusiasta contemplación de lo que cree ser que olvida lo que indudablemente debería ser. Su principal ocupación es el exterminio de otros animales de su propia especie que, a pesar de eso se multiplica con tanta rapidez que ha infestado todo el mundo habitable, incluyendo Canadá.

Homeópata. *s.* Humorista de la medicina.

Homeopatía. *s.* Escuela de medicina que está a mitad de camino entre la alopatía y la Ciencia Cristiana. Esta última es muy superior a todas las otras, pues puede curar enfermedades imaginarias, cosa que resulta imposible a las demás.

Homicidio. *s.* Muerte de un ser humano por otro ser humano. Hay cuatro clases de homicidio: criminal, excusable, justificable y encomiable, aunque al muerto no le importa mucho si le han incluido en una o en otra; la distinción es para uso de abogados.

Honesto. *adj.* Afectado por algo que le impide obrar.

Honorable. *adj.* En las cámaras legislativas se acostumbra dar el título de «honorable» a todos los miembros, vg.: «El honorable diputado es un perro sarnoso».

Hospitalidad. *s.* Virtud que nos induce a alojar y alimentar a personas que no necesitan alojamiento ni alimento.

Hostilidad. *s.* Sentimiento exacerbado de la superpoblación terrestre. Puede ser activa o pasiva. Es activa por ejemplo la hostilidad de una mujer hacia sus amigas, y pasiva, la que profesa hacia todas las demás mujeres.

Huérfano. *s.* Persona a quien la muerte ha privado de la posibilidad de ingratitud filial, privación que toca con singular elocuencia todas las cuerdas de la simpatía humana. Cuando es joven, el huérfano es enviado a un asilo, donde cultivando cuidadosamente su rudimentario sentido de la ubicación, se le enseña a mantenerse en su sitio. Luego se le instruye en las artes de la dependencia y el servilismo y finalmente se le suelta para que vaya a vengarse del mundo, convertido en limpiabotas o en sirvienta.

Humanidad. *s.* La raza humana, colectivamente, con exclusión de los poetas antropoides.

Humildad. *s.* Paciencia inusitada para planear una venganza que valga la pena.

Humillación. *s.* Actitud mental decente y habitual en presencia del dinero o el poder. Peculiarmente apropiada en un empleado cuando se dirige a su jefe.

Humorista. *s.* Plaga que habría ablandado la gélida dureza del corazón del faraón, incitándole a liberar a los hijos de Israel y a mandarlos rápidamente a su país, con sus mejores deseos.

Huracán. *s.* Manifestación atmosférica antes muy común, pero que hoy es reemplazada generalmente por el tornado y el ciclón. El huracán goza todavía de preferencia popular en las Indias Occidentales, y algunos marinos anticuados lo prefieren. Se usa también para construir la cubierta superior de los barcos[10], pero en términos generales puede decirse que la utilidad del huracán ha sobrevivido al huracán mismo.

---

[10] Llamada, en inglés, *hurricane-deck* (cubierta de huracanes).

Hurí. *s.* Atractiva señora que habita en el paraíso mahometano, alegrando las horas del buen musulmán, cuya creencia en las huríes es síntoma de un noble descontento con su esposa terrestre que, según él, no tiene alma. Se dice que las esposas no aprecian a las huríes.

I

I. Primera letra del alfabeto, primera palabra del idioma, primer pensamiento de la mente, primer objeto del afecto; en gramática inglesa, es el pronombre «yo». Se dice que su plural es «nosotros», pero cómo puede existir más de un yo, es algo que resulta más claro a los gramáticos que al autor de este incomparable diccionario. La concepción de dos yoes es difícil, pero magnífica. El uso franco aunque elegante del «yo» distingue a un buen escritor de uno malo; éste lo acoge como un ladrón que quiere esconder el botín bajo la capa.

Iconoclasta. *adj.* Destructor de ídolos. Quienes los adoran se muestran contrarios a éste y protestan diciendo que los destruye pero no los construye. Los pobres necesitan siempre un ídolo nuevo que sustituya al destruido.

Idiota. *s.* Miembro de una vasta y poderosa tribu cuya influencia en los asuntos humanos ha sido siempre dominante. La actividad del idiota no se limita a ningún campo especial de pensamiento o acción, sino que «lo llena y lo regula todo». Siempre tiene la última palabra; su decisión es inapelable. Establece las modas de la opinión y el gusto, dicta las límites del lenguaje y fija las normas de la conducta.

Iglesia. *s.* Lugar donde el cura adora a Dios y las mujeres adoran al cura.

Ignorante. *s.* Persona desprovista de ciertos conocimientos que tú posees y sabedora de otras cosas que tú ignoras.

Ilusión. *s.* Madre de una respetabilísima familia, que incluye al Entusiasmo, el Afecto, la Abnegación, la Fe, la Esperanza, la Caridad y muchos otros vástagos igualmente virtuosos.

Ilustre. *adj.* Favorablemente situado para recibir las flechas de la malicia, la envidia y la calumnia.

Imaginación. *s.* Depósito de mercaderías que poseen en común los poetas y los mentirosos.

Imbecilidad. *s.* Especie de inspiración divina o fuego sagrado que anima a los detractores de este diccionario.

Imparcial. *adj.* Incapaz de percibir la posibilidad de obtener una ventaja personal uniéndose a uno de los bandos de una controversia, o adoptando una entre dos ideas en conflicto.

Impenitencia. *s.* Estado de ánimo intermedio, en el tiempo, entre el pecado y el castigo.

Impiedad. *s.* Irreverencia del prójimo hacia mis dioses.

Imposición. *s.* Acto de bendecir o consagrar imponiendo las manos: ceremonia común a muchos sistemas eclesiásticos, pero que es realizada con máxima sinceridad por la secta de los ladrones.

Impostor. *s.* Rival que también aspira a los honores públicos.

Imprevisión. *s.* Satisfacción de las necesidades de hoy con las rentas de mañana.

Impunidad. *s.* Riqueza.

Inadmisible. *adj.* Que no merece ser considerado. Dícese de ciertos testimonios que los jurados son incapaces de apreciar, y que en consecuencia los jueces rechazan, aun en procedimientos de los que son los únicos árbitros. La prueba de oídas es inadmisible, porque la persona a quien se cita no ha prestado juramento y no puede ser interrogada por el tribunal; no obstante, la evidencia de oídas sirve diariamente de fundamento a las más importantes acciones militares, políticas, comerciales y de cualquier otra clase. No existe en el mundo una religión que no se funde en la prueba de oídas. La revelación es una prueba de oídas; que las Escrituras sean la palabra de Dios, es cosa que sabemos solamente por el testimonio de hombres muertos hace mucho tiempo, cuya identidad no está claramente establecida y que no prestaron ningún tipo de juramento. Según las reglas de la prueba judicial ninguna de las afirmaciones de la Biblia sería admisible ante un tribunal. Tampoco podría probarse que la batalla de Blenheim se libró, que existió Julio César, que hubo un imperio asirio. En cambio, y puesto que los archivos judiciales constituyen una prueba admisible, puede probarse fácilmente que han existido poderosos y perversos magos que fueron un azote para la humanidad. La prueba (confesiones inclusive) que sirvió para condenar y ejecutar por hechiceras a ciertas mujeres, no tenía fallos; aun hoy es inatacable. Las decisiones judiciales fundadas en ella eran justas dentro de la lógica de la ley. Nada está mejor probado ante un tribunal que los cargos de brujería que llevaron a tantos a la muerte. Si las brujas no existieran, el testimonio humano y la razón humana carecerían igualmente de valor.

Inauspiciosamente. *adv.* De manera poco promisoria, por ser desfavorables los auspicios. Antes de emprender cualquier acción importante los romanos acostumbraban a obtener de los augures algún dato sobre el probable resultado; uno de los métodos de adivinación más dignos de confianza consistía en observar el vuelo de las aves, y los pronósticos que de ahí surgían se llamaban auspicios. Periodistas y algunos lexicógrafos dan a la palabra el sentido de «patrocinio» o «dirección», verbigracia: «Las celebraciones se realizaron bajo los auspicios de la Antigua y Venerable Orden de los Ladrones de Cadáveres» o «Los festejos fueron auspiciados por los Caballeros del Hambre».

Incompatibilidad. *s.* En el matrimonio, semejanza de gustos, en particular el gusto por la dominación. La incompatibilidad, sin embargo, puede asumir la forma de una pacífica madre de familia que vive a la vuelta de la esquina. Se conocen algunas incompatibilidades con bigote.

Incompatible. *adj.* Incapaz de existir en presencia de otra cosa. Dos cosas son incompatibles cuando el mundo del ser tiene espacio suficiente para una, pero no para las dos: por ejemplo, la poesía de Walt Whitman y la misericordia de Dios con el hombre. Las palabras

«Señor, somos incompatibles» reemplazan con ventaja a la vulgar expresión «Lárgate; si te vuelvo a ver, te mato».

Íncubo. *s.* Miembro de una raza de demonios extraordinariamente impúdicos que, aunque no del todo extinguidos, han conocido mejores noches. Para una descripción completa de los *incubi* y los *succubi* (y también de las *incubae* y las *succubae),* consultar el *Liber Demonorum* de Protassus (París, 1328), donde hay muchas informaciones curiosas que estarían fuera de lugar en un diccionario destinado a servir de texto en las escuelas públicas. Victor Hugo relata que en las islas del Canal de la Mancha, el propio Satanás (sin duda tentado más que en otros sitios por la belleza de las mujeres) suele convertirse en íncubo, con gran alarma y escándalo de las buenas señoras que, en términos generales, quieren ser fieles a sus votos matrimoniales. Cierta dama acudió al párroco para averiguar cómo podría, en la oscuridad, distinguir al osado intruso de su marido. El santo varón le aconsejó tocarle la frente para ver si llevaba cuernos; Hugo es lo bastante descortés como para insinuar sus dudas sobre la eficacia del método.

Indecisión. *s.* Factor principal del éxito, porque como dice sir Thomas Brewbold, «sólo hay una manera de no hacer nada y muchas maneras de hacer algo, y entre éstas una sola es la correcta; de ahí que el indeciso que se queda quieto tiene menos probabilidades de equivocarse que quien se lanza a la acción».

—Su rápida decisión de atacar —le dijo cierta vez el general Grant al general Gordon Granger— fue admirable. Sólo tuvo usted cinco minutos para decidirse.

—Sí, señor —respondió el victorioso subordinado— es importante saber lo que debe hacerse en una emergencia. Cuando no sé si atacar o retirarme, jamás vacilo: tiro al aire una moneda.

—¿Quiere decir que eso es lo que acaba de hacer?

—Sí, mi general. Pero le ruego que no me reprenda. Desobedecí a la moneda.

Indefenso. *adj.* Incapaz de atacar.

Independiente. *adj.* En política, enfermo de autorrespeto. Es término despectivo.

Índice. *s.* Dedo que se usa generalmente para señalar a dos malhechores.

Indigestión. *s.* Enfermedad que el paciente y sus amigos suelen tomar por profunda convicción religiosa e interés por la salvación de la humanidad. Como dijo el sencillo piel roja del desierto: «Yo bien, no rezar; gran dolor barriga, mucho Dios».

Indiscreción. *s.* Culpa de las mujeres.

Indultar. *v. t.* Perdonar una pena y devolver al acusado a una vida criminal. Agregar a la fascinación del crimen la tentación de la ingratitud.

Ineficaz. *adj.* Dícese de lo que no está calculado para favorecer nuestros intereses.

Infiel. *adj.* y *s.* Dícese, en Nueva York, del que no cree en la religión cristiana; en Constantinopla, del que cree. Especie de pillo que no reverencia adecuadamente ni mantiene a teólogos, eclesiásticos, papas, pastores, canónigos, monjes, *mollahs,* vudús, hierofantes, prelados, obíes, abates, monjas, misioneros, exhortadores, diáconos, frailes, *hadjis,* altos sacerdotes, muecines, brahamanes, hechiceros, confesores, eminencias, presbíteros, primados, prebendarios, peregrinos, profetas, imanes, beneficiarios, clérigos, vicarios, arzobispos, obispos, priores, predicadores, padres, abadesas, calógeros, monjes mendicantes, curas, patriarcas, bonzos, santones, canonesas, residenciarios, diocesanos, diáconos, subdiáconos, diáconos rurales, abdalas, vendedores de hechizos, archidiáconos, jerarcas, beneficiarios, capitularios, *sheiks, talapoins,* postulantes, escribas, gurús, *chantres,* bedeles, fakires, sacristanes, reverendos, revivalistas, cenobitas, capellanes, *mudjoes,* lectores, novicios, vicarios, pastores, rabís, ulemas, lamas, derviches, rectores, cardenales, prioresas, sufragantes, acólitos, párrocos, sufíes, *muftis* y *pumpums.*

Infralapsario. *s.* El que se atreve a creer que Adán no tenía necesidad de pecar, si no quería; por oposición a los supralapsarios, que sostienen que su caída estaba decretada desde el comienzo. A los infralapsarios se les llama a veces supralapsarios, sin que ello altere la importancia o lucidez de sus opiniones sobre Adán.

Injusticia. *s.* De todas las cargas que soportamos o imponemos a los demás, la injusticia es la que pesa menos en las manos y más en la espalda.

Inferiae. *s. (latín).* Entre los griegos y los romanos, sacrificios propiciatorios de los *Dii Manes,* o almas de los héroes muertos. Los piadosos antiguos no pudieron inventar dioses suficientes para satisfacer sus necesidades espirituales, y debieron recurrir a un número de deidades de relleno que fabricaban con los materiales menos prometedores. Mientras sacrificaba un buey al espíritu de Agamenón Laiaides, sacerdote de Áulide, se vio favorecido por la aparición del espectro de ese ilustre guerrero, quien le narró proféticamente el nacimiento de Cristo y el triunfo del cristianismo, dándole además una reseña rápida, pero pasablemente completa, de los acontecimientos hasta el reinado de san Luis. El relato terminó abruptamente en ese punto debido al desconsiderado canto de un gallo, que obligó al espectral Rey de Hombres a volver al trote al Hades. Esta historia tiene un delicado sabor medieval, y como no se ha podido rastrear su origen más allá del padre Brateille, piadoso aunque oscuro escritor de la corte de san Luis, probablemente no nos equivocaremos si la consideramos apócrifa, aunque monseñor Capel piense otra cosa.

Influencia. *s.* En política, un *quo* ilusorio que se da a cambio de un *quid* sustancial.

Infortunio. *s.* Especie de fortuna que siempre llega.

Ingenio. *s.* Sal con que el humorista americano arruina su cocina intelectual, al omitirla.

Ingenuidad. *s.* Seductora cualidad que alcanzan las mujeres mediante largo estudio e intensa práctica con sus admiradores varones, que de buena gana la confunden con el sencillo candor de sus hijos.

Ingrato. *s.* El que recibe un beneficio de otro, o es objeto de una caridad cualquiera.

Injuria. *s.* Ofensa que sigue en gravedad a un desdén.

Inmigrante. *s.* Persona inculta que piensa que un país es mejor que otro.

Inmoral. *adj.* No práctico. Todo lo que resulta poco práctico para los hombres, llega a ser considerado perverso e inmoral. Si las nociones humanas del bien y del mal tuvieran otra base que la utilidad; si se originaran, o pudieran originarse, de otro modo; si las acciones tuvieran en sí mismas un carácter moral independiente de sus consecuencias, entonces toda la filosofía sería una mentira, y la razón una enfermedad de la mente.

Innato. *adj.* Natural, inherente, como las ideas innatas, que poseemos al nacer, porque nos fueron dadas antes de venir al mundo. La doctrina de las ideas innatas es una de las más admirables creencias de la filosofía, siendo ella misma una idea innata y por lo tanto irrefutable, aunque Locke neciamente creyó «ponerle un ojo negro». Al número de las ideas innatas ya clasificadas, debemos agregar la creencia en nuestra capacidad para dirigir un diario, en la grandeza de nuestro país, en la superioridad de nuestra civilización, en la importancia de nuestros asuntos personales y en el interés que nuestras enfermedades tienen para los demás.

Inscripción. *s.* Una cosa escrita sobre otra cosa. Hay muchas clases de inscripciones, pero en general están destinadas a conmemorar la fama de alguna persona ilustre y transmitir a épocas lejanas el recuerdo de sus servicios y virtudes. A esta clase de inscripciones pertenece el nombre de John Smith, escrito a lápiz sobre el Monumento a Washington. He aquí algunos ejemplos de inscripciones recordatorias en lápidas *(ver* **Epitafio)**.

Mi cuerpo yace en el suelo
mas el alma subió al cielo;
pero el Día llegará
y mi cuerpo se alzará
para que del cielo goce.

1812

Ella sufrió sin queja su dolencia.
Fue inútil el auxilio de la ciencia;
la muerte de pesares la libró;
con su esposo en el Cielo se reunió.

«Aquí yace Jeremías Árbol. Fue abatido el 9 de mayo de 1862 a los 27 años, 4 meses y 12 días. Indígena».

Insensible. *adj.* Dotado de gran fortaleza para soportar los males que aquejan a los demás.

Cuando le dijeron a Zenón que uno de sus enemigos había muerto, se le vio profundamente conmovido.

—¡Qué! —exclamó uno de sus discípulos—. ¿Lloras la muerte de un enemigo?

—Ah, es cierto —repuso el gran estoico—. Pero deberías verme sonreír ante la muerte de un amigo.

Insignias. *s.* Distintivos, joyas y trajes de órdenes antiguas y venerables como: los Caballeros de Adán; los Visionarios del Divino Bla-bla-blá; la Antigua Orden de los Modernos Trogloditas; la Liga de la Santa Farsa; la Dorada Falange de los Falangistas Marsupiales; la Gentil Sociedad de Vagabundos Expurgados; la Mística Alianza de Exquisitos Regalianos; las Damas y Caballeros del Perro Amarillo; la Oriental Orden de los Hijos de Occidente; la Orfandad de los Insufribles; los Guerreros de Arco Largo; los Guardianes de la Gran Cuchara de Cuerno; la Banda de Bestias; la Impenitente Orden de Azotadores de Esposas; la Sublime Legión de Conspicuos Rimbombantes; los Adoradores del Santuario Galvanoplástico; los Inaccesibles Resplandecientes; los Jenízaros del Pavorreal; la Gran Cábala de Sedentarios; la Fraternidad de los Verrugosos; la Cooperativa del Candelero; los Discípulos Militantes de la Fe Oculta; los Caballeros Defensores del Perro Doméstico; los Guardianes de la Letrina Mística; la Misteriosa Orden del Manuscrito Indescifrable; los Monarcas del Mérito y el Hambre, los Prelados de la Bañera y la Espada.

Insolente. *adj.* Carente de bienes para pagar una deuda justa. Carecer de ganas de pagarla no equivale a ser insolente: es astucia comercial.

Insurrección. *s.* Revolución fallida. Fracaso de opositores que pretenden reemplazar un gobierno malo por otro desastroso.

Intemperie. *s.* Lugar donde ningún gobierno ha podido cobrar impuestos. Su función principal es inspirar a los poetas.

Intención. *s.* Conciencia del predominio que una serie de influencias ejerce en nuestro espíritu sobre otra serie de influencias. Efecto cuya causa es la inminencia, real o supuesta, de un acto involuntario.

Interesado. *adj.* Quien no tiene en cuenta los intereses de los demás.

Intérprete. *s.* El que permite a dos personas de distinto idioma comprenderse, repitiendo a cada una lo que convendría al intérprete que dijera la otra.

Interregno. *s.* Período durante el cual una monarquía es gobernada por un lugar aún tibio en el almohadón de un trono. La experiencia de permitir que ese lugar se enfríe ha dado generalmente malos resultados, en virtud del entusiasmo que despliegan, para volver a calentarlo, numerosas personas dignas.

Intimidad. *s.* Relación a la que son providencialmente arrastrados los necios a fin de destruirse.

Inventor. *s.* Persona que construye un ingenioso dispositivo de ruedas, palancas y resortes, y cree que eso es civilización.

Ira. *s.* Enojo de grado y cualidad superiores que corresponde a personajes encumbrados y a ocasiones importantes: como «la ira de Dios», «los días de la ira», etc. Los antiguos consideraban sagrada la ira de los reyes y de los sacerdotes, porque generalmente podía manifestarse a través de un dios. Los griegos frente a Troya fueron tan hostigados por Apolo, que saltaron de la sartén de la ira de Crises al fuego de la cólera de Aquiles, aunque Agamenón, el único ofensor, no resultó asado ni quemado. Inmunidad parecida gozó David cuando incurrió en la cólera de Yahvé por censar a su pueblo, del que setenta mil pagaron la pena con sus vidas. En la actualidad Dios es Amor y los censistas pueden cumplir su trabajo sin temor al desastre.

Irreligión. *s.* La más importante entre las grandes creencias de este mundo.

J

J. Es una consonante en inglés, pero algunas naciones la usan como vocal, lo que es el colmo del absurdo. Su forma original, que ha sido apenas modificada, era la de la cola de un perro apaleado; en realidad, no era una letra, sino un signo que representaba al verbo latino *jacere,* «tirar», porque la cola del perro asume esa forma cuando le tiran una piedra. Tal es el origen de esta letra, según lo ha explicado el prestigioso doctor Jocolpus Bumer, de la Universidad de Belgrado, quien divulgó sus conclusiones sobre el tema en una obra de tres volúmenes y cuarto y se suicidó al enterarse de que en el alfabeto romano la J no tenía cola.

Jábega. *s.* Red barredera. Para atrapar peces se hace con una malla gruesa y ruda; las mujeres se atrapan más fácilmente mediante un tejido singularmente delicado que lleva, a modo de plomada, pequeñas piedras talladas.

Jineta. *s.* En el ejército, insignia que permite distinguir a un oficial del enemigo, o sea, del oficial de grado inmediatamente inferior que ascendería gracias a su muerte.

Jirafa. *s.* Animal al que le gusta bañar su calurosa frente en la humedad de las alturas para lo que se construye su propio pináculo.

Juego de cartas. *s.* Sustituto de la conversación entre individuos a quienes la naturaleza no dotó de ideas.

Júpiter. *s.* Ser mitológico que, ridículamente, consideraban los griegos y los romanos el dueño del universo... porque desconocían nuestra santa religión.

Juramento. *s.* En derecho, solemne promesa ante Dios, que la conciencia debe cumplir so pena de perjurio.

Justicia. *s.* Artículo más o menos adulterado que el Estado vende al ciudadano a cambio de su lealtad, sus impuestos y sus servicios personales.

Juventud. *s.* Período de lo Posible, cuando Arquímedes encuentra un punto de apoyo, Casandra tiene quien la escuche y siete ciudades compiten por el honor de mantener a un Homero viviente.

K

Kilt. *s*. Traje que suelen usar los escoceses en Norteamérica y los norteamericanos en Escocia.

Korán[11]. *s*. Libro que los mahometanos, neciamente, creen escrito por inspiración divina, pero que los cristianos consideran una perversa impostura, contraria a las Sagradas Escrituras.

Krishna. *s*. Forma en que se encarna el dios Vishnú. Historia, sin duda, muy verosímil.

---

[11] En inglés, *Koran,* de ahí que Bierce incluyera la entrada en la K.

L

Lacayo. *s.* En sentido propio, criado de librea. Aplicar esta palabra a un miembro de un partido político es degradar el lenguaje e, indirectamente, lanzar un insulto gratuito a un tipo digno de criados.

Ladrón. *s.* Comerciante candoroso.

Se cuenta de Voltaire que una noche se alojó, con algunos compañeros de viaje, en una posada del camino. Después de cenar, empezaron a contar historias de ladrones. Cuando le llegó el turno a Voltaire dijo:

—Hubo una vez un recaudador general de impuestos —y se calló.

Como los demás le animaran a proseguir, añadió:

—Ése es el cuento.

Ladrón de cadáveres. *s.* El que despoja de gusanos los sepulcros. El que provee a los médicos jóvenes con lo que los médicos viejos han provisto al enterrador. La hiena.

Lamentable. *adj.* Estado de un enemigo o adversario después de un encuentro imaginario con uno mismo.

Laocoonte. *s.* Famosa escultura antigua que representa a un sacerdote de ese nombre y a sus dos hijos entre los anillos de dos monstruosas serpientes. El arte y diligencia con que el anciano y sus muchachos sostienen a las serpientes y las obligan a realizar su tarea constituyen una de las más nobles ilustraciones artísticas del dominio de la inteligencia humana sobre la inercia bruta.

Lástima. *s.* Sensación de inmunidad, inspirada por el contraste.

Legal. *adj.* Compatible con la voluntad del juez competente.

Lenguaje. *s.* Música con que encantamos las serpientes que custodian el tesoro ajeno.

Levita. *s.* Descendiente de Levi y, por ello, escogido por Dios para ser sacerdote judío; ejemplo de nepotismo merecedor de la mayor censura por ser contrario a las instituciones libres y al principio de igualdad civil y religiosa.

Lexicógrafo. *s.* Individuo pestilente que so pretexto de registrar un determinado estadio en el desarrollo de una lengua, hace lo que puede para detener su crecimiento, quitarle flexibilidad y mecanizar sus métodos. El lexicógrafo, después de escribir su diccionario, se convierte en «autoridad», cuando su función es simplemente hacer una recopilación y no dictar una ley. El natural servilismo de la inteligencia humana, al investirle de un poder judicial, renuncia a su derecho a la razón y se somete a una mera crónica como si fuera un estatuto legal. Basta, por ejemplo, que el diccionario catalogue a una palabra de buena ley como «obsoleta» u «obsolescente», para que pocos hombres se atrevan a usarla en adelante, por mucho que la necesiten y por conveniente que sea. De este modo el empobrecimiento se acelera y el idioma decae. Por el contrario, el escritor audaz y culto que sabe que el idioma crece por innovación —cuando crece—, y fabrica nuevas palabras o usa las viejas en un sentido poco familiar, encuentra pocos adeptos. Enseguida le señalan agriamente que «eso no está en el diccionario», aunque antes de aparecer el primer lexicógrafo (¡que Dios le perdone!) nadie había usado una palabra que estuviera en el diccionario. En la época de oro del idioma inglés, cuando de labios de los grandes isabelinos brotaban palabras que formaban su propio significado, evidente en su sonido mismo, cuando eran posibles un Shakespeare y un Bacon, y el idioma, que hoy muere rápidamente por una punta y se renueva despacio por la otra, crecía vigoroso y se conservaba dulce como la miel y fuerte como un león, el lexicógrafo era una persona desconocida, y el diccionario una obra para cuya creación el Creador no lo había creado.

Libertad. *s.* Uno de los bienes más preciosos de la imaginación, que permite eludir cinco o seis entre los infinitos métodos de coerción con que se ejerce la autoridad. Condición política de la que cada nación cree tener un virtual monopolio. Independencia. La distinción entre libertad e independencia es más bien vaga; los naturalistas no han encontrado especímenes vivos de ninguna de las dos.

Libertino. *s.* El que ha corrido tras el placer con tanto ardor, que tuvo la desgracia de pasarlo de largo.

Libro de recortes. *s.* Libro editado por un tonto con las tonterías que se dicen sobre él.

Ligas. *s.* Bandas elásticas destinadas a impedir que una mujer salga de sus medias y devaste el país.

Lío. *s.* Pago por la coherencia.

Lira. *s.* Antiguo instrumento de tortura. Hoy la palabra se usa figuradamente con el sentido de facultad poética.

Litigante. *s.* Persona que está dispuesta a entregar la piel con la esperanza de conservar los huesos.

LL.D. Letras que designan el título de *Legumastuciorum Doctor*[12], o sea, erudito en leyes, provisto de astucia legal. Pero esta derivación resulta sospechosa si se tiene en cuenta que antiguamente el título se abreviaba ££.d.[13], y era conferido solamente a caballeros adinerados. Actualmente, la Universidad de Columbia considera la posibilidad de crear otro título para clérigos, en lugar del antiguo D.D., o *Damnator Diaboli*[14]. El nuevo honor será conocido como *Sanctorum Custus,* y se escribirá $$ cts.[15] El reverendo John Satan ha sido propuesto como primer destinatario del título.

Lobisón. *s.* Lobo que fue una vez, o es a veces, un hombre. Todos los lobisones tienen un carácter maligno, pues han asumido una forma bestial para gratificar un apetito bestial; pero algunos, transformados

---

[12] LL.D. significa, en realidad, *Legum Doctor,* doctor en leyes.
[13] Libras y peniques.
[14] D.D. significa *Divinitatis Doctor,* doctor en teología.
[15] Dólares y centavos.

por artes de brujería, son tan humanos como lo permite su gusto adquirido por la carne humana.

En cierta oportunidad, unos campesinos bávaros capturaron un lobo, lo ataron por la cola a un poste y como era de noche, se fueron a dormir. A la mañana siguiente, el lobo había desaparecido. Muy perplejos, consultaron al cura local, quien les dijo que el cautivo era indudablemente un lobisón, y que había reasumido su forma humana durante la noche.

—La próxima vez que atrapéis un lobo —dijo el buen hombre— encadenadlo por la pata, y a la mañana siguiente encontraréis un luterano.

Loco. *adj.* Dícese de quien está afectado por un alto nivel de independencia intelectual; del que no se conforma a las normas de pensamiento, lenguaje y acción que los conformistas han establecido observándose a sí mismos; del que no está de acuerdo con la mayoría; en suma, de todo lo que es inusitado. Vale la pena señalar que una persona es declarada loca por funcionarios carentes de pruebas de su propia cordura. Por ejemplo, el ilustre autor de este diccionario no se siente más convencido de su salud mental que cualquier internado en un manicomio, y —salvo demostración en contrario— es posible que en vez de la sublime ocupación a que cree dedicar sus facultades, esté golpeando los puños contra los barrotes de un asilo y afirmando ser Noé Webster[16], ante el inocente deleite de muchos espectadores cerebrados.

Locuacidad. *s.* Dolencia que vuelve al paciente incapaz de contener la lengua cuando tú quieres hablar.

Locura. *s.* Ese «don y divina facultad» cuya energía creadora y ordenadora inspira el espíritu del hombre, guía sus actos y adorna su vida.

Lógica. *s.* Arte de pensar y razonar en estricta concordancia con las limitaciones e incapacidades de la incomprensión humana. La base de la lógica es el silogismo, que consta de una premisa mayor, una menor y una conclusión, por ejemplo:

---

[16] El célebre autor del diccionario Webster.

«Mayor»: Sesenta hombres pueden realizar un trabajo sesenta veces más rápido que un solo hombre.

«Menor»: Un hombre puede cavar un hoyo para un poste en sesenta segundos.

«Conclusión»: Sesenta hombres pueden cavar un hoyo para un poste en un segundo.

Esto es lo que puede llamarse el silogismo matemático, con el cual, combinando lógica y matemática, obtenemos una doble certeza y somos dos veces benditos.

Logomaquia. *s.* Guerra en que las armas son palabras y las heridas, pinchazos en la vejiga natatoria de la autoestima; especie de lucha donde al vencedor se le niega la recompensa de la victoria porque el vencido es inconsciente de su derrota.

Longevidad. *s.* Prolongación poco común del temor a la muerte.

Lord. *s.* En la sociedad norteamericana, turista inglés de rango superior al de un viajante de comercio. La palabra *lord* que significa «señor», se usa también a veces como título del Supremo Hacedor; pero en esto prima la lisonja sobre la reverencia.

Lujuria. *s.* Tipo de literatura que suele apreciarse en novelas populares, sobre todo en las escritas por mujeres y chicas, donde le dan otro nombre creyendo cultivar un territorio de la literatura olvidado en el que obtienen una cosecha nueva. Si tienen la desgracia de llegar a viejas les atormenta el deseo de quemar sus libros.

Luminaria. *s.* El que arroja luz sobre un tema; verbigracia, un secretario de redacción cuando no escribe sobre ese tema.

Lunes. *s.* En los países cristianos, el día que sigue al partido de béisbol o de fútbol.

M

Macarrones. *s.* Comida italiana en forma de tubos finos y huecos. Consta de dos partes: el tubo y el agujero. Esta última es la única digerible.

Macho. *s.* Miembro del sexo insignificante. El macho de la especie humana es generalmente conocido (por la mujer) como Simple Hombre. El género tiene dos variedades: buenos proveedores y malos proveedores.

Macrobiano. *s.* Olvidado de los dioses que alcanza una edad muy avanzada. La historia nos da numerosos ejemplos, desde Matusalén hasta el Old Parr, pero algunos casos notables de longevidad son menos conocidos. Un campesino calabrés llamado Coloni vivió tanto que llegó a tener un vislumbre de la paz universal. Scanavius dice que conoció a un obispo tan viejo que era capaz de recordar una época en que colgarle hubiera sido una injusticia. En 1566 un tejedor de Bristol, Inglaterra, declaró que había vivido quinientos años, y que en todo ese tiempo jamás había dicho una mentira. En nuestro país también hay un caso de longevidad (macrobiosis). El senador Chauncey Depew es tan viejo que se ha vuelto inteligente. El director de *The American,* periódico neoyorquino, tiene una memoria que se remonta a la época en que era un pillo, aunque no recuerda sus pillerías. El presidente de los Estados Unidos nació hace tanto tiempo que muchos de sus amigos de juventud han escalado altas posiciones políticas y militares sin el concurso de sus méritos personales.

Magia. *s.* Arte de convertir la superstición en moneda contante y sonante. Hay otras artes que sirven al mismo fin, pero el discreto lexicógrafo no las nombra.

Magnético. *adj.* Dícese de lo que sufre la influencia del magnetismo.

Magnetismo. *s.* Lo que ejerce influencia sobre algo magnético.

Estas dos definiciones son un resumen de la obra de un millar de eminentes hombres de ciencia, que han arrojado sobre el tema una luz deslumbrante, con indecible progreso del conocimiento humano.

Magnífico. *adj.* Dotado de esplendor o grandeza superiores a los que el espectador está habituado; por ejemplo, las orejas de un asno para un conejo, o la gloria de una luciérnaga para un simple gusano.

Magnitud. *s.* Tamaño. Como la magnitud es puramente relativa, nada es grande y nada es pequeño. Si todo lo que compone el universo adquiriese un tamaño mil veces mayor, nada sería más grande que antes, pero si una sola cosa permaneciera igual, todas las otras serían más grandes de lo que fueron. Para un intelecto familiarizado con la relatividad de la magnitud y la distancia, los espacios y las masas del astrónomo no serían más impresionantes que las del microscopista. Al fin y al cabo, nadie nos asegura que el universo visible no sea una pequeña parte de un átomo, con sus iones componentes, flotando en el fluido vital (o en el éter luminífero) de un vasto animal. Posiblemente las criaturas diminutas que pueblan los corpúsculos de nuestra propia sangre experimenten una emoción semejante al contemplar las increíbles distancias que los separan.

Majestad. *s.* Condición y título de rey, considerados con justo desprecio por los Muy Eminentes Grandes Maestres, Grandes Cancilleres e Imperiales Potentados de las antiguas y honorables órdenes de la América republicana.

Malhechor. *s.* El principal factor en el progreso de la raza humana.

Malla (de baile). *s.* Prenda del vestuario teatral destinada a reforzar con una particular publicidad el entusiasmo general del agente de prensa. Durante algún tiempo, la atención del público se desvió de esta prenda para concentrarse en la negativa de *miss* Lilliam Russell a usarla. Se hicieron muchas conjeturas sobre sus motivos, hasta que una actriz rival, Pauline Hall, sugirió —dando muestras de notable ingenio y reflexión— que la naturaleza no había dotado a *miss* Russell de bellas piernas. El intelecto masculino no pudo aceptar esa teoría, pero la mera idea de que existiera una pierna femenina defectuosa era tan prodigiosamente original que figuró entre las mayores hazañas de la especulación filosófica. Es extraño que en toda esta controversia nadie haya pensado en atribuir a «pudor» la actitud de *miss* Russell. La naturaleza de ese sentimiento no es muy bien comprendida en la actualidad, e incluso es difícil decir con el vocabulario que nos queda, de qué se trata. Recientemente, sin embargo, ha resucitado el estudio de las artes perdidas, y algunas de ellas se han recuperado. Ésta es una época de renacimientos, y cabe esperar que el primitivo «rubor» sea rescatado de su escondite entre las tumbas de la antigüedad y devuelto al escenario en alas de un silbido.

Malthusiano. *adj.* Relativo a Malthus y sus doctrinas. Malthus creía en la necesidad de limitar artificialmente la población, pero descubrió que eso no podía hacerse hablando. Uno de los exponentes más prácticos del malthusianismo fue Herodes de Judea, aunque todos los militares famosos han participado de esas ideas.

Mamíferos. *s.* Familia de vertebrados cuyas hembras, en estado natural, amamantan a su cría, pero cuando se vuelven civilizadas e inteligentes se la dan a la nodriza o usan el biberón.

Mamón. *s.* Dios de la religión que predomina en el mundo. Su templo principal se halla en la santa ciudad de Nueva York.

Maná. *s.* Alimento dado milagrosamente a los israelitas en el desierto. Cuando ya no lo recibieron, se asentaron y labraron la tierra, fertilizándola, por regla general, con los cadáveres de sus primitivos ocupantes.

Manes. *s.* Partes inmortales de los griegos y romanos que morían. Experimentaban un sordo malestar hasta que los cuerpos de donde habían exhalado se quemaban y enterraban. Después de esto, tampoco lograban sentirse particularmente felices.

Maniqueísmo. *s.* Antigua doctrina persa según la cual hay una guerra incesante entre el Bien y el Mal. Cuando el Bien abandonó la lucha, los persas se pasaron a la oposición victoriosa.

Mano. *s.* Instrumento singular que se usa al extremo de un brazo humano, y que por lo general se encuentra metida en un bolsillo ajeno.

Maña. *s.* Sucedáneo del cerebro en los tontos.

Maquinación. *s.* Método empleado por nuestros enemigos para anular nuestro declarado y honroso esfuerzo por hacer lo justo.

Marido. *s.* El que después de cenar debe encargarse de lavar los platos.

Mártir. *s.* Quien avanza hacia una muerte deseada siguiendo el camino menos repelente.

Más. *adj.* Grado comparativo de demasiado.

Masonería. *s.* Orden de ritual secreto, grotescas ceremonias y extravagantes ropas, a la que, tras su fundación por los artesanos de Londres bajo el reinado de Carlos II, han incorporado a los muertos de los pasados siglos, en incesante retroceso. Actualmente abarca todas las generaciones del hombre, de Adán acá, y está reclutando distinguidos adeptos entre los habitantes del Caos y del Vacío Informe anteriores a la creación. La orden fue creada en diferentes épocas por Carlomagno, Julio César, Ciro, Salomón, Zoroastro, Confucio, Thotmés y Buda. Sus emblemas y símbolos se han encontrado en las catacumbas de París y Roma, en las piedras del Partenón y la Gran Muralla China, entre los templos de Karnak y Palmira, y en las pirámides egipcias. El descubridor fue siempre un masón.

Matar. *v. s.* Crear una vacante sin designar un sucesor.

Matrimonio. *s.* Condición o estado de una comunidad formada por un amo, un ama y dos esclavos, que suman en total dos personas.

Mausoleo. *s.* La última y más divertida locura de los ricos.

Mayonesa. *s.* Uno de los aderezos que usan los franceses en lugar de la religión del Estado.

Maza. *s.* Bastón que en la función pública denota autoridad. Su forma, que es la de un pesado garrote, indica su primitiva función, que era calmar a los disidentes.

Meandro. *s.* Curva sinuosa. Toma su nombre de un río situado unas ciento cincuenta millas al sur de Troya, que cambió de curso para no oír a griegos y troyanos jactarse de sus hazañas.

Medalla. *s.* Pequeño disco de metal que se da en premio de virtudes, hazañas o servicios más o menos auténticos.

A Bismarck le dieron una medalla por rescatar valerosamente a una persona que se ahogaba. Cuando le preguntaron el significado de la medalla, respondió: «A veces salvo vidas». Otras veces hacía lo contrario.

Médico. *s.* Alguien a quien lanzamos nuestras súplicas cuando estamos enfermos, y nuestros perros cuando nos hemos curado.

Mendaz. *adj.* Aficionado a la retórica.

Mendigar. *v. t.* Pedir algo con intensidad proporcional a la creencia de que no será concedido.

Mendigo. *s.* El que ha confiado en la ayuda de los amigos.

Menor. *adj.* Menos objetable.

Mente. *s.* Misteriosa forma de la materia segregada por el cerebro. Su principal actividad parece consistir en el esfuerzo por determinar su propia naturaleza, tentativa que parece fútil, puesto que la mente, para conocerse, no dispone de otra cosa que ella misma.

Mesmerismo. *s.* Nombre dado al Hipnotismo antes que empezara a vestir con elegancia, tuviera carruaje e invitara a cenar a la Incredulidad.

Metralla. *s.* Argumento que el futuro prepara en respuesta a las demandas del socialismo americano.

Metrópolis. *s.* Baluarte del provincianismo.

Mí. *pron.* Caso objetable del pronombre personal de primera persona, que tiene tres casos: dominante, objetable y opresivo. Cada uno de ellos es los otros dos.

Milagro. *s.* Acontecimiento inexplicable y extraño al orden natural, como ganar con un póker de ases y un rey contra un póker de reyes y un as.

Milenio. *s.* Período de mil años a cuyo término se clavará la tapa, con todos los reformistas dentro.

Ministro. *s.* Agente de un poder superior con una responsabilidad inferior. En diplomacia, funcionario enviado a un país extranjero como encarnación visible de la hostilidad de su soberano por ese país. El principal requisito para ser ministro es un grado de plausibilidad en la mentira apenas inferior al de un embajador.

Mío. *adj.* Lo que me pertenece, siempre que pueda apropiármelo.

Misericordia. (1) *s.* Daga que en la guerra medieval usaba el infante para recordar a un caballero desmontado por su cabalgadura que él también era mortal.

(2) *s.* Virtud que aman los delincuentes sorprendidos.

Miss. *s.* Título con que designamos a las mujeres solteras para indicar que están disponibles en el mercado. *Miss, missis* (Mrs.), y *mister* (Mr.) me parecen las tres palabras más desagradables de la lengua inglesa, tanto por su sonido como por su sentido. Las dos primeras son una corrupción de *mistress* y la tercera de *master.* Mientras los demás títulos han sido abolidos en nuestro país, éstos sobreviven para complicarnos la vida. Si fuera indispensable conservarlos, deberíamos ser coherentes y encontrar uno que designe al hombre soltero. Me atrevo a sugerir la palabra *mush*[17], abreviada Mh.

Mitad. *s.* Una de las dos partes en que una cosa puede dividirse o considerarse dividida. En el siglo XIV teólogos y filósofos discutieron acaloradamente si la Omnisciencia podía partir un objeto en tres mitades, y el piadoso padre Aldrovinus rogó públicamente en la catedral de Rouen para que Dios demostrara la verdad de la proposición de alguna forma notable e inconfundible, preferiblemente (si le pluguiera) en el cuerpo de ese empedernido blasfemador, Manutius Procinus, quien sostenía lo contrario. Procinus, sin embargo, se salvó de ello y murió de una mordedura de serpiente.

---

[17] *Mush* significa harina de maíz.

Mitología. *s.* Conjunto de creencias de un pueblo primitivo, relativas a su origen, héroes y dioses, por oposición a la historia verdadera que inventa más tarde.

Moda. *s.* Déspota a quien los sabios ridiculizan y obedecen.

Mofa. *s.* En sentido figurado «sensiblero». Argumento inaceptable con el que un imbécil cree responder al desprecio de un sabio.

Mojigata. *s.* Celestina que se oculta detrás de su conducta.

Molécula. *s.* Última e indivisible unidad de la materia. Se distingue del corpúsculo, que también es la última e indivisible unidad de la materia, por una semejanza más estrecha con el átomo que es, asimismo, la última e indivisible unidad de la materia. Las tres grandes teorías científicas de la estructura del universo son la molecular, la corpuscular y la atómica. Una cuarta postula, con Haeckel, la condensación o precipitación de la materia a partir del éter, cuya existencia es probada por esa condensación o precipitación. La corriente actual del pensamiento científico se inclina por la teoría de los iones. El ion difiere de la molécula, el corpúsculo y el átomo en el hecho de ser un ión. Una quinta teoría es sostenida por los idiotas, pero es dudoso que ellos sepan algo más sobre la materia que los demás.

Momia. *s.* Egipcio antiguo, usado antaño como remedio en todas las naciones civilizadas y que ahora provee al arte de un excelente pigmento. También resulta cómoda en los museos para satisfacer la vulgar curiosidad que distingue al hombre de los animales inferiores.

Mónada. *s.* Última e indivisible unidad de la materia *(ver **Molécula**).* Según Leibniz, y en la medida en que él parece dispuesto a ser comprendido, la mónada tiene cuerpo sin volumen, y mente sin manifestación; Leibniz la reconoce gracias a la facultad innata de la reflexión y ha fundado sobre la mónada una teoría del universo, que ella soporta sin resentimiento, porque es una dama. Pequeña como es, la mónada contiene todas las potencialidades necesarias para convertirse en un filósofo alemán de primera categoría. No confundir la mónada con el microbio o el bacilo; pertenece a una especie muy diferente, como lo demuestra un buen microscopio al no poder detectarla.

Monarca. *s.* Persona que se ocupa de reinar. Antiguamente el monarca era el único amo, como lo indica la etimología de la palabra y como aprendieron, a costa de sí mismos, muchos súbditos. En Rusia y en Oriente el monarca conserva todavía una considerable influencia en los asuntos públicos y en el destino final de las cabezas humanas, pero en Europa Occidental la administración pública corre por cuenta de los ministros, mientras el monarca reflexiona sobre el destino de su propia cabeza.

Mono. *s.* Animal arbóreo al que encantan los árboles genealógicos.

Monosilábico. *adj.* Dícese del idioma compuesto de palabras de una sola sílaba, para uso de bebés literarios que nunca se cansan de expresar, mediante un adecuado gu-gú, el placer que les causa su alimentación insípida. Las palabras monosilábicas son por lo común sajonas, es decir, el idioma de un pueblo bárbaro, desprovisto de ideas y que sólo puede experimentar sentimientos y emociones elementales.

Monseñor. *s.* Alto título eclesiástico, en cuyas ventajas no reparó el fundador de nuestra religión.

Monumento. *s.* Estructura destinada a conmemorar algo que no necesita conmemoración o no puede ser conmemorado. Como dijo el poeta: «Los huesos de Agamenón son ofrecidos en espectáculo, mientras su regio monumento yace en ruinas». Pero la fama de Agamenón no es afectada por eso. La costumbre de hacer monumentos alcanza sus *reductiones ad absurdum* en los monumentos «a los muertos desconocidos», que perpetúan la memoria de aquellos que no han dejado memoria.

Moral. *adj.* Conforme a una norma de derecho local y mudable. Cómodo.

Dícese que existe en el este una cadena de montañas y que a un lado de ella ciertas conductas son inmorales, pero que del otro lado son tenidas en alta estima; esto resulta muy ventajoso para el montañés, porque puede bajar ora de un lado, ora del otro, y hacer lo que le plazca, sin incurrir en falta.

Meditaciones de Gooke.

Muerto. *adj.* Dícese de quien ha concluido el trabajo de respirar, de quien ha acabado para todo el mundo, de quien ha llevado hasta el fin una enloquecida carrera y de lo que al alcanzar la meta de oro, ha descubierto que era un simple agujero.

Mujer. *s.* Animal que suele vivir en la vecindad del hombre y que tiene una rudimentaria aptitud para la domesticación. Algunos de los zoólogos más viejos le atribuyen ciertos vestigios de docilidad adquirida en una antigua época de reclusión, pero los naturalistas del posfeminismo, que no saben nada de esa reclusión, niegan semejante virtud y declaran que la mujer no ha cambiado desde el principio de los tiempos. La especie es la más ampliamente distribuida de todas las bestias de presa; infesta todas las partes habitables del globo, desde las dulces montañas de Groenlandia hasta las virtuosas playas de la India. El nombre que se le da popularmente (loba) es incorrecto, porque pertenece a la especie de los gatos. La mujer es flexible y grácil en sus movimientos, especialmente la variedad norteamericana *(Felis pugnans),* es omnívora, y puede enseñársele a callar.

Mulato. *s.* Hijo de dos razas, que se avergüenza de ambas.

Multitud. *s.* Muchedumbre. Fuente de sabiduría y virtud políticas. En una república, objeto de adoración del estadista. «En una multitud de consejeros está la sabiduría», dice el proverbio. Si muchos hombres de igual sabiduría individual resultan más sabios que cualquiera de ellos, debe ser que adquieren ese exceso de sabiduría por el simple hecho de reunirse. ¿De dónde viene? Evidentemente, de ninguna parte. Lo mismo valdría decir que una cadena de montañas es más alta que las montañas individuales que la componen. Una multitud es tan sabia como el más sabio de sus miembros, siempre que éste sea obedecido; de lo contrario es tan necia como el más necio de ellos.

Murmurar. *v. t.* Decir cómo encuentra uno a otro cuando el otro no puede encontrarle a uno.

Mustang. *s.* Caballo indócil de las planicies occidentales. En la sociedad británica, esposa norteamericana de un noble inglés.

N

Nacimiento. *s.* Primero y más terrible de todos los desastres. Sobre su naturaleza, hay distintas opiniones. Cástor y Pólux nacieron de un huevo. Pallas de un cráneo. Galatea, de un bloque de piedra. Peresilis, autor del siglo X, asegura que brotó del suelo donde un sacerdote había derramado agua bendita. Es sabido que Arimaxus surgió de un agujero hecho por un rayo en la tierra. Leucomedón era hijo de una caverna en el monte Etna, y yo personalmente he visto a un hombre salir de una bodega.

Nariz. *s.* Último puesto avanzado de la cara. Getius, cuyos escritos son anteriores a la era del humor, observó que todos los grandes conquistadores tienen grandes narices, y pensó que la nariz era el órgano del dominio. Se ha observado que la nariz de alguien nunca se siente tan feliz como cuando está metida en los asuntos de otro; de aquí infieren algunos fisiólogos que la nariz carece del sentido del olfato.

Natillas. *s.* Asquerosa sustancia que resulta de una perversa conspiración entre una gallina, una vaca y un cocinero.

Néctar. *s.* Bebida que consumían los dioses en los banquetes olímpicos. El secreto de su preparación se ha perdido pero los actuales habitantes de Kentucky creen saber cuál era su ingrediente principal.

Negativa. *s.* Acción de no dar lo que se pide; verbigracia, cuando una anciana solterona niega su mano a un pretendiente rico y buen mozo;

un concejal, una concesión importante a una multinacional; un sacerdote, la absolución a un rey impenitente, etcétera. Las negativas se gradúan en una escala descendente de finalidad, a saber: la negativa absoluta, la negativa condicional, la negativa de sondeo y la negativa femenina, que algunos casuistas llaman negativa afirmativa.

Negro. *s. Pièce de résistance* en el problema político norteamericano. Los republicanos lo representan con la letra *n* y llegan a la siguiente ecuación: «Supongamos que *n* = hombre blanco». La fórmula, sin embargo, parece dar un resultado insatisfactorio.

Nepotismo. *s.* Práctica que consiste en designar a la propia abuela para un cargo público, por el bien del partido.

Newtoniano. *adj.* Perteneciente a la filosofía del universo inventada por Newton, quien descubrió que una manzana siempre termina por caer al suelo, aunque no pudo explicar por qué. Sus sucesores y discípulos han progresado tanto, que son capaces de decir cuándo.

Nihilista. *s.* Ruso que niega la existencia de todo, menos de Tolstoi. El jefe de esta escuela es Tolstoi.

Niñez. *s.* Período de la vida humana intermedio entre la idiotez de la primera infancia y la locura de la juventud, a dos pasos del pecado de la madurez, y a tres del remordimiento de la ancianidad.

Nirvana. *s.* En la religión budista, estado de aniquilamiento agradable, otorgado a los sabios, particularmente a los que son lo bastante sabios para comprenderlo.

Noble. *s.* Producto suministrado por la naturaleza para que las doncellas norteamericanas adineradas y ambiciosas puedan incurrir en distinción social y soportar a la buena sociedad.

No-Combatiente. *s.* Un cuáquero muerto.

Notoriedad. *s.* Fama de nuestro adversario en la lucha por un cargo público. El tipo de renombre más accesible y aceptable para los mediocres. Escala de Jacob que conduce a un escenario de vodevil, con ángeles que suben y bajan.

Noúmeno. *s.* Lo que existe, por oposición a lo que, meramente pareciendo existir, recibe el nombre de fenómeno. El noúmeno es bastante difícil de localizar; sólo puede ser aprehendido mediante un proceso de razonamiento... que es un fenómeno. No obstante, el descubrimiento y exposición del noúmeno abre un amplio campo para lo que llama Lewis «la interminable variedad y atractivo del pensamiento filosófico». ¡Viva, pues, el noúmeno!

Novela. *s.* Cuento inflado. Especie de composición que guarda con la literatura la misma relación que el panorama guarda con el arte. Como es demasiado larga para leer de un tirón, las impresiones producidas por sus partes sucesivas son sucesivamente borradas, como en un paisaje. La unidad, la totalidad del efecto, es imposible; porque aparte de las escasas páginas que se leen al final, todo lo que queda en la mente es el simple argumento de lo ocurrido antes. La novela realista es al relato fantástico lo que la fotografía es a la pintura. Su principio básico, la verosimilitud, corresponde a la realidad literal de la fotografía, y la ubica dentro del periodismo; mientras que la libertad del relato fantástico no tiene más límites que la imaginación del narrador. Los tres principios esenciales del arte literario son imaginación, imaginación e imaginación. El arte de escribir novelas, en la medida en que pudo llamarse arte, murió hace mucho en todo el mundo, salvo en Rusia, donde es nuevo. Paz tengan sus cenizas... algunas de las cuales aún se venden mucho.

Novela fantástica[18]. *s.* Obra de ficción que no rinde pleitesía al Dios de las Cosas que Son. En la novela, el pensamiento del escritor está atado a la verosimilitud, como un caballo al palenque, pero en la novela fantástica se pasea a voluntad por todo el reino de la imaginación, libre, sin ley, sin rienda ni freno. Nuestro novelista es una pobre criatura (como diría Carlyle), un simple reportero. Puede inventar los personajes y la trama, pero no imaginar algo que no pueda ocurrir, aunque toda su narración sea una candorosa mentira. Por qué se impone esta dura condición y por qué se encadena cada vez más tiempo con una cadena que él mismo ha forjado, es algo que podría explicarnos en diez volúmenes, sin aclarar en absoluto su negra y absoluta ignorancia en la materia. Hay grandes novelas, porque grandes escritores

---

[18] En inglés, *romance,* novela de aventuras más o menos fantásticas, por oposición a novel, novela realista.

han desperdiciado su talento para escribirlas, pero lo cierto es que la ficción más fascinante que existe sigue siendo *Las mil y una noches*.

Noviembre. *s.* Décimo primer duodécimo del tedio.

Nuez de Adán. *s.* Protuberancia en el cuello del hombre que la sabia Naturaleza ha provisto para que se sepa dónde hay que ajustar la soga.

O bien. *modo adv.* O mal.

Observatorio. *s.* Lugar donde los astrónomos disuelven en conjeturas las adivinanzas de sus predecesores.

Obsoleto. *adj.* Lo que ya no usan los tímidos. Se aplica principalmente a las palabras. La palabra que cualquier diccionario califica como obsoleta se convierte en objeto de terror para el escritor necio, pero si es una palabra buena y no tiene equivalente moderno igualmente bueno, la usará el buen escritor. En realidad, la actitud de un escritor hacia las palabras «obsoletas» es un índice de su capacidad literaria tan bueno como cualquier otro, salvo el carácter de su obra.

Obstinado. *adj.* Inaccesible a la verdad, tal como se manifiesta en el esplendor y la fuerza de nuestras creencias. El prototipo popular de la obstinación es la mula, animal muy inteligente.

Ocasional. *adj.* Dícese de lo que nos aflige con mayor o menor frecuencia. No es el caso de los «versos ocasionales», que nos afligen con regularidad —y con más crueldad que otras clases de versos— en los aniversarios y otras celebraciones.

Occidente. *s.* Parte del mundo situada al oeste (o al este) de Oriente. Está habitada principalmente por cristianos, poderosa subtribu de los hipócritas, cuyas principales industrias son el asesinato y la estafa, que disfrazan con los nombres de «guerra» y «comercio». Ésas son también las principales industrias de Oriente.

Océano. *s.* Extensión acuática que ocupa dos tercios del mundo hecho para el hombre, que casualmente carece de branquias.

Ociosidad. *s.* Madre de todos los vicios, aunque los peores de éstos se practican durante la jornada laboral.

Odio. *s.* Sentimiento cuya intensidad es proporcional a la superioridad que lo provoca.

Ofensivo. *adj.* Lo que produce emociones o sensaciones desagradables, como el avance de un ejército hacia su enemigo.

—¿Usted cree que el enemigo ha usado una táctica ofensiva? —preguntó el rey.

—¡Naturalmente! —replicó el general defraudado—. ¡Los malditos no han querido salir de su trinchera!

Oleaginoso. *adj.* Aceitoso, resbaladizo, escurridizo.

Disraeli en cierta oportunidad describió los modales del obispo Wilberforce como «untuosos, oleaginosos, saponíficos». A partir de entonces el buen prelado fue conocido como Sam el Jabonoso. Para cada hombre, existe en el vocabulario una palabra capaz de pegársele como una segunda piel. Sus enemigos no tienen más que encontrarla.

Olímpico. *adj.* Relativo a una montaña de Tesalia, antaño habitada por los dioses, y ahora depósito de diarios amarillentos, botellas de cerveza y latas destapadas de sardinas que atestiguan la presencia del turista y de su apetito.

Olvido. *s.* Estado en que los malos cesan de luchar y los tristes reposan. Eterno basurero de la fama. Cámara fría de las más altas esperanzas. Lugar donde los autores ambiciosos reencuentran sus obras sin orgullo, y a sus superiores sin envidia. Dormitorio desprovisto de reloj despertador.

Ópera. *s.* Espectáculo que representa la vida en otro mundo, cuyos habitantes no tienen más idioma que el canto, más movimiento que el ademán y más postura que la actitud. Toda actuación teatral es simulación y la palabra simulación deriva de simio, o mono; pero en la ópera el actor toma por modelo al *Simia audibilis* (o *Pithecanthropos stentor),* es decir al mono que aúlla.

Opio. *s.* Puerta que no está cerrada con llave en la prisión de la Identidad. Pero sólo conduce al patio de la cárcel.

Oponer. *v.* Ayudar con obstáculos y objeciones.

Oportunidad. *s.* Ocasión favorable para atrapar un desengaño.

Oposición. *s.* En política, el partido que impide que el gobierno se desboque.

El rey de Ghargarou, que había estado en el extranjero para estudiar la ciencia del gobierno, designó a un centenar de sus súbditos más gordos miembros de un parlamento que debía legislar sobre la recaudación de impuestos A cuarenta de ellos los nombró partido de la oposición y dispuso que su primer ministro los instruyera cuidadosamente en la tarea de oponerse a toda iniciativa regia. Sin embargo, el primer proyecto puesto a votación fue aprobado por unanimidad. Muy descontento, el rey lo vetó, informando a los miembros de la oposición que si volvían a hacer eso, lo pagarían con la cabeza. En el acto, los cuarenta opositores se hicieron el haraquiri.

—¿Y ahora? —preguntó el rey—. Es imposible mantener las instituciones liberales sin un partido de oposición.

—Esplendor del Universo —replicó el primer ministro—, es cierto que esos perros de las tinieblas ya no tienen sus credenciales, pero no todo está perdido. Confía el asunto a este gusano del polvo.

Seguidamente el primer ministro hizo embalsamar y rellenar de paja los cadáveres de los opositores de Su Majestad y los clavó a los escaños legislativos. En lo sucesivo, cada ley fue aprobada con cuarenta votos en contra, y la nación prosperó. Pero un día el ejecutivo presentó un proyecto de impuesto a las verrugas y fue derrotado, porque a nadie se le había ocurrido clavar también a sus escaños a los legisladores oficiales... Esto enfureció tanto al rey, que el primer ministro fue ejecutado, el parlamento disuelto con una batería de artillería y el gobierno del pueblo, por el pueblo, y para el pueblo desapareció de Ghargarou.

Optimismo. *s.* Doctrina o creencia de que todo es hermoso, inclusive lo que es feo; todo es bueno, especialmente lo malo, y todo está bien dentro de lo que está mal. Es sostenida con la mayor tenacidad por los más acostumbrados a una suerte adversa. La forma más aceptable de exponerla es con una mueca que simula una sonrisa.

Siendo una fe ciega, no percibe la luz de la refutación. Enfermedad intelectual que no cede a ningún tratamiento, salvo la muerte. Es hereditaria, pero afortunadamente no es contagiosa.

Optimista. *s.* Partidario de la doctrina de que lo negro es blanco.

En cierta ocasión un pesimista pidió auxilio a Dios.

—Ah —dijo Dios—, tú quieres que yo te devuelva la esperanza y la alegría.

—No —replicó el pesimista—. Me bastaría si crearas algo que las justificara.

—El mundo ya está todo creado —repuso Dios—, pero te olvidas de algo: la mortalidad del optimista.

Oratoria. *s.* Conspiración entre el lenguaje y la acción para defraudar al entendimiento. Tiranía atenuada por la taquigrafía.

Ordenado. *adj.* Sujeto al orden, como un sedicioso colgado de un farol.

Ostra. *s.* Molusco viscoso que los hombres civilizados tienen la audacia de comer sin quitarle las entrañas. Las valvas suelen darse a los pobres.

Ovación. *s.* En la antigua Roma manifestación oficial y programada en honor de alguien que había perjudicado a un enemigo de la nación. Inferior al triunfo. En inglés moderno es toda expresión espontánea e imprevisible de homenaje popular a un héroe momentáneo y ocasional.

P

Paciencia. *s.* Forma menor de la desesperación, disfrazada de virtud.

Padre. *s.* Proveedor e intendente que nos da la naturaleza para que nos mantenga mientras no podemos ni sabemos vivir de la rapiña.

Pagano. *s.* Ser descarriado que incurre en la locura de adorar lo que puede ver y sentir.

Palacio. *s.* Residencia bella y costosa, particularmente la de un gran funcionario. La residencia de un alto dignatario de la Iglesia se llama palacio; la del fundador de su religión se llamaba establo o pesebre. El progreso existe.

Palma. *s.* Árbol. Una de sus variedades más difundidas y más asiduamente cultivadas es la «palma codiciosa» *(Palma hominis)*. Este noble vegetal exuda una especie de goma invisible, que puede detectarse aplicando a la corteza una moneda de oro o de plata. El metal se adhiere con notable tenacidad. Los frutos de la palma codiciosa son tan amargos e insatisfactorios, que un porcentaje considerable suelen regalarse en forma de «beneficencia».

Pandemónium. *s.* Literalmente, Lugar de Todos los Demonios. La mayoría de ellos han ido a refugiarse en la política y las finanzas, y el lugar se usa ahora como sala de conferencias del Reformador Vociferante. Cuando son perturbados por su voz, los antiguos ecos proclaman apropiadas respuestas que halagan mucho su orgullo.

Panegírico. *s.* Elogio de una persona que tiene las ventajas del dinero o del poder, o que ha tenido la deferencia de morirse.

Pantalón. *s.* Prenda que cubre la parte inferior del adulto civilizado de sexo masculino. Es de forma tubular y no posee bisagras en los puntos de flexión. Se supone que fue inventado por un humorista.

Panteísmo. *s.* La doctrina de que todo es Dios, por oposición a la doctrina de que Dios es todo.

Pantomima. *s.* Representación teatral donde se narra una historia sin destrozar el lenguaje. Es la forma menos desagradable de acción dramática.

Pañuelo. *s.* Pequeño cuadrado de seda o de hilo que se usa para varias funciones innobles en la zona de la cara, y resulta especialmente útil en los velatorios para ocultar la ausencia de lágrimas. El pañuelo es de invención reciente; nuestros antepasados, que no lo conocían, usaban la manga. Cuando Shakespeare lo introduce en *Otelo,* incurre en un anacronismo: Desdémona se limpiaba la nariz con las faldas, mientras que el doctor Walker y otros reformadores de nuestros días lo hacen con los faldones de la levita (prueba de que las revoluciones a veces van hacia atrás).

Pasado. *s.* Pequeña fracción de la eternidad de la que tenemos un ligero y lamentable conocimiento. Una línea móvil llamada Presente lo separa de un período imaginario llamado Futuro. Estas dos grandes porciones de la Eternidad, una de las cuales borra continuamente a la otra, son eternamente distintas. Una está oscurecida por la pena y el desengaño, la otra iluminada por la prosperidad y la alegría. El Pasado es la región de los sollozos; el Futuro, el reino del canto. En uno se acurruca la Memoria, vestida con un sayal, la cabeza cubierta de ceniza, musitando plegarias penitenciales; en la luz solar del otro vuela la Esperanza llamándonos a los templos del éxito y los pabellones del placer. Sin embargo, el Pasado es el Futuro de ayer; el Futuro es el Pasado de mañana. Son una misma cosa: el conocimiento y el sueño.

Pasaporte. *s.* Documento que se impone traidoramente a un ciudadano que sale de su país, denunciándole como extranjero y exponiéndole al ultraje y la reprobación.

Pasatiempo. *s.* Artificio que promueve el tedio. Ejercicio moderado de la debilidad intelectual.

Patíbulo. *s.* Escenario para la representación de «misterios» donde el principal actor es trasladado al cielo. En los Estados Unidos, el patíbulo es notable por la cantidad de personas que escapan a él.

Patriota. *s.* El que considera superiores los intereses de la parte a los intereses del todo. Juguete de políticos e instrumento de conquistadores.

Patriotismo. *s.* Basura combustible dispuesta a arder para iluminar el nombre de cualquier ambicioso. En el famoso diccionario del doctor Johnson, el patriotismo se define como el último recurso de un pillo. Con el respeto debido a un lexicógrafo ilustre, aunque inferior, sostengo que es el primero.

Pavo. *s.* Ave de gran tamaño cuya carne, al comerse en ciertos aniversarios religiosos, tiene la singular propiedad de testimoniar devoción y gratitud.

Paz. *s.* En política internacional, época de engaño entre dos épocas de guerra.

Peatón. *s.* Para un automóvil, parte movediza (y audible) del camino.

Pedigrí. *s.* Parte conocida del árbol genealógico que va de un antepasado con una vejiga natatoria a un descendiente urbano con un cigarrillo en la boca.

Peligro. *s.* Bestia salvaje que el hombre desprecia cuando está dormida, y de la que huye cuando despierta.

Pena capital. *s.* Castigo de cuya justicia y eficacia dudan muchas personas dignas, incluso los asesinos.

Pérdida. *s.* Privación de lo que teníamos, o de lo que no teníamos. Así, se dice de un candidato derrotado que «perdió la elección», o del eminente poeta Gilder, que «perdió la cabeza».

Perdón. *s.* Estratagema para hacer que un delincuente se confíe y se le pueda coger con las manos en la masa la próxima vez.

Peregrino. *s.* Viajero a quien se toma en serio. Padre Peregrino: aquel que abandonó Europa en 1620 porque no le dejaban cantar salmos con la nariz, y viajó en pos de ese órgano hasta Massachussetts, donde pudo personificar a Dios según los dictados de su conciencia[19].

Pereza. *s.* Injustificada dignidad de modales en una persona de baja categoría.

Perfección. *s.* Estado o cualidad imaginarios que se distinguen de lo real por un elemento llamado excelencia. Atributo de los críticos.

El director de una revista inglesa recibió una carta que criticaba sus opiniones y su estilo, firmada «Perfección». Rápidamente garabateó al pie: «No estoy de acuerdo con usted», y se la remitió a Matthew Arnold[20].

Peripatético. *adj.* Que camina de aquí para allá. Relativo a la filosofía de Aristóteles, quien, al exponerla, caminaba de un lado a otro, para eludir las objeciones de sus discípulos. Precaución innecesaria, ya que ellos ignoraban el tema tanto como él.

Perogrullada. *s.* Elemento fundamental y gloria insigne de la literatura popular. Un pensamiento que ronca en palabras que humean. Sabiduría de un millón de necios en boca de un tonto. Sentimiento fosilizado en una roca artificial. Moraleja sin fábula. Todo lo que queda de una verdad fenecida. Tacita de moralina y leche. Rabadilla de un pavo real desplumado. Medusa que se marchita al borde del mar del pensamiento. Cacareo que deja atrás al huevo. Epigrama disecado.

Perorata. *s.* Explosión de un cohete oratorio. Encandila, mas para un observador de nariz apropiada, su rasgo distintivo es el olor de las distintas clases de pólvora con que ha sido preparada.

Perro. *s.* Especie de Divinidad adicional o suplementaria destinada a recibir el excedente del fervor religioso del mundo. Este Ser Divino, en algunas de sus encarnaciones más pequeñas y sedosas, ocupa en el corazón de la Mujer el lugar a que ningún hombre aspira. El perro es

---

[19] Los Padres Peregrinos o *Pilgrim Fathers* fundaron la primera colonia de Nueva Inglaterra, origen de los Estados Unidos.

[20] MATTHEW ARNOLD, escritor inglés (1822-1888) definió la cultura como la busca de la perfección.

una supervivencia, un anacronismo. No trabaja ni hila, pero Salomón en toda su gloria jamás yació todo el día en una estera, engordando al sol, mientras su amo trabajaba para poder comprar un ocioso meneo de su rabo salomónico y una mirada de tolerante reconocimiento.

Perseverancia. *s.* Virtud inferior que permite al mediocre alcanzar un éxito sin gloria.

Pesar. *s.* Poso que queda en la copa de la vida.

Pesimismo. *s.* Filosofía impuesta al observador por el desalentador predominio del optimista, con su esperanza de espantapájaros y su abominable sonrisa.

Piano. *s.* Utensilio de salón para domar al visitante impenitente. Se hace funcionar oprimiendo las teclas y el espíritu de los oyentes.

Picota. *s.* Artificio mecánico para infligir distinción personal; prototipo del moderno periódico dirigido por personas de austera virtud y vida intachable.

Piel roja. *s.* Indio norteamericano cuya piel no es roja, al menos por fuera.

Pillo. *s.* Tonto considerado bajo otro aspecto. Hombre cuyas cualidades, preparadas para la exhibición como una caja de fresas en un mercado —las mejores arriba— han sido abiertas del lado que no corresponde. Un caballero del revés.

Pintura. *s.* Arte de proteger de la intemperie superficies planas, y de exponerlas a los críticos.

Piratería. *s.* Comercio sin los pañales de la fantasía, tal como Dios lo hizo.

Pirronismo. *s.* Antigua filosofía, que toma el nombre de su inventor. Predicaba una absoluta incredulidad en todo, salvo el pirronismo. Esa última incredulidad fue agregada por sus modernos defensores.

Placer. *s.* La forma menos detestable del tedio.

Plaga. *s.* En la Antigüedad, castigo colectivo infligido a los inocentes para iluminar a sus gobernantes, como en el caso tan conocido de Faraón el Inmune. Las plagas que nos azotan hoy no son felizmente otra cosa que la manifestación casual de una Naturaleza perversa, pero insensata.

Plagiar. *v. tr.* Asumir el pensamiento o el estilo de otro escritor, a quien uno jamás ha leído.

Plagio. *s.* Coincidencia literaria entre un autor anterior carente de mérito y un autor posterior honorable.

Planear. *v. t.* Preocuparse por el mejor método de conseguir un resultado casual.

Platónico. *adj.* Relativo a la filosofía de Sócrates. Amor platónico es el nombre que dan los tontos al afecto entre un impotente y una frígida.

Plebeyo. *s.* Romano antiguo que sólo se manchaba las manos con la sangre de su pueblo. A diferencia del patricio, que era una solución saturada de sangre.

Plebiscito. *s.* Votación popular para ratificar la voluntad del amo.

Pleito. *s.* Máquina en la que se entra en forma de cerdo, y se sale en forma de salchicha.

Plenipotenciario. *adj.* Dotado de plenos poderes. Un ministro plenipotenciario es un diplomático a quien se concede una autoridad plena con la condición de que nunca la ejerza.

Pleonasmo. *s.* Ejército de palabras que escolta al sargento de una sola idea.

Plomo. *s.* Metal pesado, de color gris azulado, que se usa mucho para dar estabilidad a los amantes livianos, particularmente a los que sólo aman a mujeres ajenas. El plomo es también muy útil como contrapeso de un argumento tan sólido que inclina la balanza de la discusión hacia el lado del adversario. Un hecho interesante en la química de la controversia internacional es que en el punto de contacto de dos patriotismos, el plomo se precipita en grandes cantidades.

Pluma. *s.* Instrumento de tortura producido por un ganso, y generalmente usado por un asno. La pluma de acero es usada por el mismo eterno Personaje.

Pobreza. *s.* Lima para que se afilen los dientes las ratas de la reforma. El número de planes para abolirla iguala al de reformadores que la padecen más el de filósofos que la ignoran. Sus víctimas se distinguen por estar en posesión de todas las virtudes, y por su fe en líderes que quieren conducirlas a una prosperidad donde creen que esas virtudes se desconocen.

Policía. *s.* Fuerza armada destinada a asegurar la protección frente al robo y la participación en el mismo.

Poligamia. *s.* Capilla de expiación provista de varios reclinatorios penitenciales, a diferencia de la monogamia, que sólo tiene uno.

Política. *s.* Conflicto de intereses disfrazado de lucha de principios. Manejo de los intereses públicos en provecho privado.

Político. *s.* Anguila en el fango primigenio sobre el que se erige la superestructura de la sociedad organizada. Cuando agita la cola, suele confundirse y creer que tiembla el edificio. Comparado con el estadista, padece la desventaja de estar vivo.

Pólvora. *s.* Medio que emplean las naciones civilizadas para arreglar disputas que podrían resultar molestas si no se las resuelve. La mayoría de los autores atribuyen la invención de la pólvora a los chinos, aunque sin pruebas convincentes. Milton dice que fue inventada por el diablo para dispersar a los ángeles, y esta opinión parece sustentada por la escasez de ángeles. Además, cuenta con la entusiasta aprobación del honorable James Wilson, secretario de Agricultura.

El secretario Wilson se interesó por la pólvora a raíz de un incidente que ocurrió en la granja experimental del gobierno en el distrito de Columbia. Un día, hace varios años, un pillo que no tenía el menor respeto por las grandes dotes personales del secretario, le regaló un saquito de pólvora, diciéndole que eran semillas de *Stridosus instantaneus,* cereal patagónico de gran valor comercial y admirablemente adaptado a ese clima, y aconsejándole sembrarlo a lo largo de un surco. El buen secretario puso manos a la obra, y ya había trazado un continuo reguero a lo largo de un campo de diez acres, cuando le hizo volver la cabeza un grito del generoso donante que, acto seguido, dejó caer una cerilla sobre el extremo del reguero. El contacto con la tierra había humedecido algo la pólvora, pero aún así el asombrado funcionario se vio perseguido por una alta columna de fuego y humo que avanzaba ferozmente. Se quedó un momento paralizado y mudo, pero enseguida recordó una cita previa y, dejándolo todo, se ausentó con celeridad tan sorprendente que quienes lo vieron le tomaron por un rayo que atravesaba siete aldeas, negándose a detenerse bajo ningún pretexto.

—Santo Dios, ¿qué es eso? —exclamó el ayudante de un agrimensor, haciendo visera con una mano y contemplando aquel bólido agrícola que dividía el horizonte visible.

—Eso —dijo el agrimensor observando despreocupadamente el fenómeno y volviendo a centrar la atención en su teodolito— es el meridiano de Washington.

Populista. *s.* Patriota fósil del primitivo período agrícola, que suele encontrarse en los antiguos yacimientos de esteatita rojiza, en el estado de Kansas; caracterizado por el tamaño poco común de las orejas que, según algunos naturalistas, le permitían volar, aunque los profesores Morse y Whitney observan ingeniosamente que, en ese caso, se habría ido a otra parte. En el pintoresco idioma de la época, del que nos han llegado algunos fragmentos, era conocido como «el problema de Kansas»[21].

Portátil. *adj.* Expuesto a diversos daños a lo largo de las vicisitudes de la posesión.

Portugueses. *adj.* Especie de gansos nativos de Portugal. Prácticamente carecen de plumas y no son muy comestibles, incluso aderezados con ajo.

Poseso. *adj.* Trastornado por un espíritu maligno, como los cerdos de Gerasa y otros críticos. La posesión demoníaca era antaño más frecuente que ahora. Arasthus nos habla de un campesino que era poseído por un demonio diferente cada día de la semana, y el domingo por dos. Se les veía a menudo, siempre caminando a su sombra, pero finalmente fueron expulsados por el notario de la aldea, que era un santo varón; cierto es que con ellos desapareció también el campesino, pues se lo llevaron. Un demonio expulsado de una mujer por el arzobispo de Rheims corrió por las calles, perseguido por un centenar de personas hasta llegar a campo abierto, donde dio un brinco más alto

---

[21]   El populismo de origen campesino tuvo cierta fuerza en Kansas a fines del siglo XIX.

que el campanario de una iglesia y escapó convertido en pájaro. Un capellán del ejército de Cromwell exorcizó a un soldado arrojándole al agua, donde su demonio salió a la superficie. No ocurrió lo mismo, infortunadamente, con el soldado.

Positivismo. *s.* Filosofía que niega nuestro conocimiento de lo real y afirma nuestra ignorancia de lo aparente. Su exponente más largo es Comte; el más ancho, Mill, y el más espeso, Spencer.

Posteridad. *s.* Tribunal de apelación que anula el juicio de los contemporáneos de un autor popular, a iniciativa del más oscuro de sus competidores.

Potable. *adj.* Apto para beber. Se dice que el agua es potable, y algunos llegan a declararla nuestra bebida natural, aunque sólo la encuentren agradable cuando padecen de esa dolencia recurrente llamada sed que se cura con el agua. En todas las épocas y países (salvo los menos civilizados) el hombre ha desplegado el máximo ingenio en la invención de sustitutos del agua. Sostener que esta aversión general por ella no se basa en el instinto de conservación de la raza, es ser poco científico, y sin la ciencia somos como las culebras y los sapos.

Potro (de tortura). *s.* Instrumento argumentativo muy usado antaño para inducir a los devotos de un credo falso a que abrazaran la fe viviente. El potro nunca tuvo mucha eficacia como señuelo de infieles y actualmente ha caído en el desprestigio popular.

Preadánico. *adj.* Miembro de una raza experimental y aparentemente insatisfactoria que precedió a la Creación y vivió en condiciones difíciles de concebir. Melsius cree que habitaban el «Vacío» y que estuvieron a mitad de camino entre los peces y las aves. Poco se sabe de ellos salvo que proveyeron a Caín de una esposa y a los teólogos de una controversia.

Precedente. *s.* En jurisprudencia, decisión, regla o práctica previas que, en ausencia de una ley definida, cobran el vigor y la autoridad que al juez se le ocurra darles, cosa que simplifica grandemente su tarea de hacer lo que le plazca. Como hay precedentes para todo, le bastará ignorar los que contrarían su interés y acentuar los que favorecen su deseo. La invención del precedente eleva el proceso, del nivel inferior de una ordalía fortuita, a la noble condición de un arbitraje caprichoso.

Precio. *s.* Valor, más una suma razonable por el desgaste que sufre la conciencia al exigirlo.

Precipitación. *s.* Prisa de los torpes.

Predestinación. *s.* Doctrina de que todo ocurre según un programa. No debe confundirse con la doctrina de la predeterminación, que dice que todas las cosas están programadas, pero no afirma que ocurran, pues eso está apenas implicado en otras doctrinas de las que ésta deriva. La diferencia es lo bastante grande como para haber inundado a la Cristiandad de tinta, y no hablemos de sangre. Si uno distingue perfectamente entre ambas doctrinas y cree con fervor en las dos, puede llegar a salvarse, salvo que ocurra lo contrario.

Predeterminación. *s.* Esta palabra parece fácil de definir, pero cuando pienso que piadosos y eruditos teólogos se han pasado largas vidas explicándola, y han escrito bibliotecas enteras para aclarar sus acepciones; cuando recuerdo que la diferencia entre predeterminación y predestinación dividió a las naciones y originó sangrientas batallas; que se gastaron caudales millonarios para probar y refutar su compatibilidad con el libre albedrío y con la eficacia de la oración y de la vida religiosa; cuando contemplo esos hechos atroces de la historia del mundo, me quedo abrumado ante el formidable problema de esta definición; temiendo contemplar con los ojos del alma su portentosa magnitud, me descubro reverentemente y con toda humildad remito al lector a Su Eminencia el cardenal Gibbons y a su Ilustrísima el obispo Potter.

Predilección. *s.* Etapa preparatoria del desengaño.

Preexistencia. *s.* Factor no tenido en cuenta en la creación.

Preferencia. *s.* Sentimiento o estado de ánimo inducido por la creencia errónea de que una cosa es mejor que otra.

> Un filósofo antiguo estaba convencido de que la vida no es mejor que la muerte. Un discípulo le preguntó por qué, entonces, no se suicidaba.
> —Porque la muerte no es mejor que la vida —respondió el filósofo—. Pero es más larga.

Prehistórico. *adj.* Perteneciente a un período primitivo y a un museo. Anterior al arte y a la práctica de perpetuar falsedades.

144

Prejuicio. *s.* Opinión vagabunda sin medios visibles de sostén.

Prelado. *s.* Dignatario eclesiástico dotado de un grado superior de santidad y de un gordo estipendio. Miembro de la aristocracia celestial. Caballero de Dios.

Prerrogativa. *s.* Derecho de un soberano a obrar mal.

Presagio. *s.* Señal de que algo va a ocurrir si no ocurre nada que lo impida.

Presbiteriano. *s.* Alguien convencido de que todas las autoridades de la Iglesia deberían llamarse presbíteros.

Presentable. *s.* Abominablemente ataviado según la moda del lugar y la época.

En Boorioobola-Gha un hombre está presentable en ocasiones de gala si lleva el abdomen pintado de azul brillante y usa una cola de vaca; en Nueva York puede, si lo desea, prescindir de la pintura, pero al caer la noche debe llevar dos colas hechas de lana de oveja y teñidas de negro.

Presentación. *s.* Ceremonia social inventada por el demonio para gratificar a sus siervos y atormentar a sus enemigos. La presentación alcanza su desarrollo más perverso en los Estados Unidos y, de hecho, guarda estrecha relación con nuestro sistema político. Puesto que cualquier norteamericano es igual a otro norteamericano, se deduce que cualquiera tiene el derecho de conocer a cualquiera, lo que implica el derecho a ser presentado sin previa solicitud ni permiso. La Declaración de Independencia debería estar redactada así:

Sostenemos que estas verdades son evidentes de por sí: que todos los hombres son creados iguales; que el Creador los ha dotado de ciertos derechos inalienables; que entre ellos se cuenta la vida, y el derecho a arruinar la vida de otro rodeándole de incalculables conocidos; la libertad, y en particular la libertad de presentar unas personas a otras sin averiguar si no se conocen ya como enemigos, y la persecución de la felicidad del prójimo mediante una jauría de desconocidos.

Presente. *s.* Parte de la eternidad que separa el dominio del desengaño del reino de la esperanza.

Presidencia. *s.* Cerdo engrasado en los juegos al aire libre de la política norteamericana.

Presidente. *s.* Figura dominante en un grupito de hombres que son los únicos de los que se sabe con certeza que la inmensa mayoría de sus compatriotas no deseaba que llegaran a la presidencia.

Prevaricador. *adj.* Mentiroso en estado de crisálida.

Primado. *s.* Cabeza de una Iglesia, especialmente de una Iglesia estatal, sostenida por contribuciones involuntarias. El primado de Inglaterra es el arzobispo de Canterbury, amable y anciano caballero que en vida ocupa el palacio de Lambeth, y en muerte la abadía de Westminster. Generalmente está muerto.

Primitivo. *adj.* Individuo convencido de que la mejor política es ser honrado.

Prisión. *s.* Lugar de castigos y recompensas. El poeta nos asegura que:

«No los muros de piedra hacen prisiones»,
pero una combinación del muro de piedra, el parásito político y el instructor de moral no es el jardín de las delicias.

Privativa. *adj.* En lenguaje forense dícese de la propiedad individual de tierras, por oposición al condominio. Algunas tribus de indios son ya bastante civilizadas para tener en dominio privativo las tierras que antes poseían como organizaciones tribales y que no podían vender a los blancos por abalorios y wiski de patata.

Proboscis. *s.* Órgano rudimentario que usa un elefante en lugar del tenedor y el cuchillo que la Evolución sigue negándole. Con fines humorísticos se le llama popularmente trompa.

Procaz. *adj.* Dícese del lenguaje que usan otros para criticarnos.

Procesión. *s.* Desfile de idiotas confirmados, sin sentido del ridículo.

Proceso. *s.* Investigación formal destinada a probar y consignar por escrito el carácter intachable de jueces, abogados y jurados. Para conseguir esto, es necesario proveer un contraste en la persona de alguien a quien se llama defendido, prisionero o acusado. Si el contraste queda establecido con suficiente claridad, esa persona es sometida a un castigo suficiente para dar a los virtuosos caballeros el reconfortante sentimiento de su inmunidad, agregado al de su mérito. En nuestros días, el acusado es generalmente un ser humano, o un socialista, pero en el Medioevo fueron procesados animales, peces, reptiles e insectos. Una bestia que hubiera causado la muerte de un hombre, o practicado la brujería, era debidamente arrestada y procesada, y si resultaba culpable, ejecutada públicamente por el verdugo. Los insectos que devastaban sembrados, huertas o viñedos, eran citados ante un tribunal civil, para declarar directamente o por medio de un abogado, y pronunciados el testimonio, el argumento y la condena, si seguían *in contumaciam,* se llevaba el caso a un alto tribunal eclesiástico, que los excomulgaba y anatematizaba. En una calle de Toledo se arrestó, juzgó y condenó a unos cerdos que perversamente pasaron corriendo entre las piernas del virrey, causándole gran sobresalto. En Nápoles se condenó a un asno a morir en la hoguera, aunque al parecer la sentencia no fue ejecutada. D'Addosio ha extraído de los anales judiciales numerosos procesos contra cerdos, toros, caballos, gallos, perros, cabras, etc., que según se cree, contribuyeron grandemente a mejorar la conducta y la moral de esos bichos. En 1451 se inició causa penal contra las sanguijuelas que infestaban ciertos estanques de Berna, y el obispo de Lausana, aconsejado por la facultad de derecho de la Universidad de Heidelberg, ordenó que algunos de esos «gusanos acuáticos» comparecieran ante la magistratura local. Así se hizo, y se intimó a las sanguijuelas, presentes y ausentes, para que en plazo de tres días abandonaran los sitios que habían infestado, so pena de «incurrir en la maldición de Dios». Los voluminosos expedientes de esta causa célebre no dicen si las inculpadas arrostraron ese castigo, o si se marcharon en el acto de esa inhóspita jurisdicción.

Profecía. *s.* Arte y práctica de vender nuestra credibilidad para que nos la devuelvan en el futuro.

Prójimo. *s.* Aquel a quien nos está ordenado amar como a nosotros mismos, pero que hace todo lo posible para que desobedezcamos.

Prometido/a. *adj.* Estado de un hombre y una mujer enamorados y criticados por los amigos, que están dispuestos a hacerse la vida imposible entre sí por dar gusto a la sociedad.

Propiedad. *s.* Cualquier cosa material, sin valor particular, que pueda ser defendida por A contra la avidez de B. Todo lo que satisface la fiebre de posesión en unos y la defrauda en los demás. Objeto de la breve rapacidad del hombre y de su larga indiferencia.

Prórroga. *s.* Suspensión de hostilidades contra un asesino sentenciado, para que el Ejecutivo averigüe si el crimen no fue cometido por el fiscal. Cualquier ruptura en la continuidad de una expectativa desagradable.

Providencial. *adj.* Dícese de lo que es notoria e inesperadamente beneficioso para quien lo describe.

Proyectil. *s.* Último árbitro de las disputas internacionales. Antes esas disputas se resolvían mediante el contacto físico de los contendientes, con los sencillos argumentos que podía suministrar la rudimentaria lógica de los tiempos: la espada, la lanza, etc. Con el aumento de la prudencia en los asuntos militares, el proyectil se impuso cada vez más, y ahora es estimadísimo por los más valientes. Su defecto capital es que exige atención personal en el punto de propulsión.

Prueba. *s.* Evidencia que tiene un matiz más de plausibilidad que de inverosimilitud. Testimonio de dos testigos creíbles, frente al de uno solo.

Publicar. *v. t.* En asuntos literarios, situarse en el punto de mira de una piña de críticos.

Puerco. *s.* Animal *(Porcus omnivorus)* estrechamente emparentado con la raza humana por el esplendor y vivacidad de su apetito, que, sin embargo, es menos amplio, pues hace ascos al cerdo.

Puerto. *s.* Lugar donde los barcos que escapan a la ira de las tormentas quedan expuestos a la furia de los aduaneros.

Puntualidad. *s.* Virtud que desarrollan los acreedores de forma monstruosa.

Purgatorio. *s.* Incómodo calabozo donde son enterradas las almas hasta que sus parientes pagan una fianza a los sacerdotes.

Puritano. *adj.* Caballero muy piadoso que está completamente convencido de que sólo hay que dejar a la gente hacer lo que a él le parezca bien.

Q

Quiromancia. *s.* Método número 947 (según la clasificación de Mibleshaw) de obtener dinero con engaños. Consiste en «leer el carácter» en las rayas de las manos. El carácter puede realmente leerse de este modo, ya que cada mano exhibida al quiromántico lleva escrita en sus rayas la palabra «tonto». El engaño consiste en no decirlo en voz alta.

Quorum. *s.* En un cuerpo deliberativo, número de miembros suficiente para hacer su voluntad. En el Senado norteamericano, se forma *quorum* con el presidente de la Comisión de Hacienda y un representante de la Casa Blanca; en la Cámara de Representantes, bastan su presidente y el demonio.

R

Racional. *adj.* Desprovisto de ilusiones, salvo las que nacen de la observación, la experiencia y la reflexión.

Radicalismo. *s.* El conservadurismo de mañana inyectado en los asuntos de hoy.

Radiestesista. *s.* El que con una varita adivinatoria busca metales preciosos en el bolsillo de un tonto.

Rana. *s.* Reptil de patas comestibles. El primero que las menciona en la literatura profana es Homero, al relatar la guerra entre las ranas y los ratones. Los escépticos han dudado de que Homero fuese el autor de esa obra, pero el erudito, ingenioso e industrioso doctor Schliemann resolvió para siempre la cuestión al desenterrar los huesos de las ranas muertas. Una de las formas de persuasión moral que se ejercieron sobre el faraón para favorecer a los israelitas fue una plaga de ranas. Pero el faraón, a quien le gustaban salteadas, observó, con verdadero estoicismo oriental, que él podía aguantar el flagelo tanto tiempo como las ranas y los judíos; esto obligó a modificar el programa. La rana es una cantante diligente, de buena voz, aunque mal oído. El libreto de su ópera favorita, escrito por Aristófanes, es breve, sencillo y eficaz: croa-croa-croa; la música pertenece, al parecer, al eminente compositor Richard Wagner.

Rapacidad. *s.* Previsión sin industria. Poder ejercido con economía.

Ratón. *s.* Animal cuyo camino está sembrado de señoras desmayadas. Así como en Roma los cristianos eran arrojados a los leones, siglos antes, en Otumwee —la más antigua y famosa ciudad del mundo— las mujeres herejes eran arrojadas a los ratones. El historiador Jakak-Zotp, único otumwés cuyos escritos han llegado a nosotros, dice que esas mártires enfrentaban la muerte con mucha agitación y poca dignidad. Inclusive pretende (llevado por la malicia del fanatismo) disculpar a los ratones, declarando que las infortunadas mujeres perecían, algunas de fatiga, otras rompiéndose el cuello al caer y algunas por falta de reconstituyentes. Pero si «la historia romana es en un noventa por ciento mentira», no podemos aspirar a una proporción menor de esa figura retórica en los anales de un pueblo capaz de crueldad tan increíble con bellas mujeres; pues quien tiene el corazón duro habla por lengua mentirosa.

Razonable. *adj.* Accesible al contagio de nuestras opiniones, receptivo a la persuasión, la disuasión, la evasiva.

Razonar. *v. t.* Sopesar probabilidades en la balanza del deseo.

Realidad. *s.* El sueño de un filósofo loco. Lo que queda en el filtro cuando se filtra un fantasma. El núcleo de un vacío.

Realismo. *s.* El arte de describir a la naturaleza vista por un sapo. El encanto deslumbrante de un paisaje pintado por un topo o una historia escrita por un gusano agrimensor.

Realización. *s.* Muerte del esfuerzo y cuna de la repugnancia.

Realmente. *adv.* Aparentemente. Quizá, posiblemente.

Rebelde. *s.* El que propone un nuevo desgobierno, sin conseguir implantarlo.

Receta. *s.* Adivinanza, realizada por el médico, de lo que prolongará mejor la situación con menor daño para el paciente.

Recluta. *s.* Persona que se distingue de un civil por su uniforme, y de un soldado, por su modo de caminar.

Reconciliación. *s.* Suspensión de hostilidades. Tregua armada para enterrar a los muertos.

Reconsiderar. *v. t.* Buscar una excusa para una decisión ya tomada.

Recordar. *v. t.* Traer nuevamente a la memoria, con algunos agregados, algo que previamente se ignoraba.

Recreo. *s.* Clase especial de aburrimiento que alivia una fatiga general.

Rectitud. *s.* Virtud sólida que solía encontrarse entre los Pantidoodles, habitantes del sector meridional de la península de Oque. Misioneros que volvían de allí hicieron varios tibios intentos por introducirla en Europa, mas, al parecer, la expusieron con escasa convicción, como se desprende del único sermón conocido del piadoso obispo Rowley, del que damos un pasaje característico:

> «Ahora bien, la rectitud consiste no sólo en un santo estado de ánimo, ni siquiera en cumplir los ritos religiosos y obedecer la letra de la ley. No basta ser piadoso y justo, es necesario conseguir que los otros alcancen el mismo estado, y el medio justo para ese fin es la fuerza. Porque así como mi injusticia puede hacer daño a otro, del mismo modo la injusticia de éste puede perjudicar a un tercero, cosa que manifiestamente debo impedir, así como evito mi propio mal. En consecuencia, si quiero ser recto, debo impedir, por la fuerza si es necesario, que el prójimo acometa esas injuriosas empresas de las que yo mismo, gracias a una mejor disposición y a la ayuda del cielo, me abstengo».

Recuento de votos. *s.* En política norteamericana, nuevo tiro de dados que se acuerda con el jugador contra quien están cargados.

Redención. *s.* Exención del castigo que consiguen los pecadores asesinando al Dios contra el que pecaron. La doctrina de la Redención es el misterio fundamental de nuestra santa religión, y quien crea en ella no perecerá, sino que gozará de vida eterna para tratar de comprenderla.

Redundante. *adj.* Superfluo; innecesario; en exceso; de más.

> Dijo el Sultán: «Hay prueba, y abundante,
> de que este perro infiel es redundante».

> Y el Gran Visir, de faz inexpresiva:

> «Al menos su cabeza es excesiva».

> Habid Solimán.

«El señor Debs es un ciudadano redundante».[22]

Theodore Roosevelt.

Referéndum. s . Ley que se somete a voto popular para constatar el consenso de la insensatez pública.

Reflexión. *s.* Proceso mental que nos da una visión más clara del pasado y nos permite eludir peligros que no volveremos a enfrentar.

Refrán. *s.* Dicho vulgar, proverbio. He aquí algunos ejemplos:

«Euro ahorrado, euro malgastado».

«Dime con quién andas y te diré quién te engaña».

«Perro ladrador, te muerde con más furor».

«Quien bien te quiere, te hará reir».

«Hablando del rey de Roma, seguro que se entera».

«Quien a buen árbol se arrima, buen rayo le deja seco».

«Ríe mejor quien se está siempre riendo».

«No dejes para mañana lo que pueda hacerte otro».

«A quien madruga, Dios le da sueño todo el día».

«A Dios rogando e inútilmente esperando».

«La letra con calma entra».

«Más vale pájaro en mano que perdigón en el culo».

«Año de nieves, año de gripes».

«Quien mal anda, cojo es».

«El que con niños se acuesta, desvelado se levanta».

Regazo. *s.* Uno de los más importantes órganos del cuerpo femenino, admirablemente previsto por la naturaleza para el reposo de la infancia, aunque se usa principalmente en las fiestas para sostener en él platos de pollo frío y cabezas de machos adultos. El macho de nuestra especie tiene un regazo rudimentario, imperfectamente desarrollado, que en modo alguno contribuye a su bienestar sustancial.

---

[22] Eugene Debs, líder ferroviario norteamericano, candidato presidencial en 1912, perseguido por Theodore Roosevelt y encarcelado por Woodrow Wilson.

Reina. *s.* Mujer que gobierna el reino cuando hay un rey, y por medio de quien el reino es gobernado cuando no lo hay.

Relicario. *s.* Receptáculo destinado a guardar objetos sagrados, tales como fragmentos de la verdadera cruz, costillas de santos, las orejas de la burra de Balaam, los pulmones del gallo que incitó a Pedro al arrepentimiento, etcétera. Los relicarios son generalmente de metal y tienen una cerradura para impedir que el contenido se derrame y obre milagros en momentos inoportunos. Cierta vez, una pluma del Ángel de la Anunciación escapó mientras se pronunciaba un sermón en la basílica de San Pedro y cosquilleó de tal modo en las narices de los congregados, que todos despertaron y estornudaron tres veces, con gran vehemencia. La *Gesta Sanctorum* refiere que un sacristán de la catedral de Canterbury sorprendió la cabeza de san Dionisio en la biblioteca. Reprendida por el severo custodio, respondió que estaba buscando un cuerpo de doctrina. Este chiste de mal gusto enfureció tanto al diocesano, que el ofensor fue públicamente anatematizado, arrojado a una fosa y reemplazado por otra cabeza de san Dionisio, traída de Roma.

Religión. (1) *s.* Hija del Temor y la Esperanza, que vive explicando a la Ignorancia la naturaleza de lo Incognoscible.

—¿Cuál es tu religión, hijo? —preguntó el arzobispo de Reims.

—Perdón, monseñor —replicó Rochebriant—. Me siento avergonzado de ella.

—¿Entonces, por qué no te vuelves ateo?

—¡Imposible! El ateísmo me avergonzaría.

—En ese caso, señor, debería usted convertirse al protestantismo.

(2) *s.* Árbol atractivo donde anidan todos los pájaros bobos.

Reloj. *s.* Máquina de gran valor moral para el hombre, que mitiga su preocupación por el futuro al recordarle cuánto tiempo le queda.

Rematador. *s.* Hombre que reafirma con un martillo que acaba de despojar una cartera con la lengua.

Renombre. *s.* Grado de distinción intermedio entre la notoriedad y la fama, algo más soportable que la primera, y un poco menos intolerable que la segunda. A veces es conferido por una mano inamistosa y desconsiderada.

Renta. *s.* Patrón de medida natural y racional de la respetabilidad. Otros criterios comúnmente aceptados son artificiales, arbitrarios y falaces. Porque como ha dicho con justicia sir Sycophas Chrysolater, «la propiedad (moneda, tierras, casas o mercancías, o todo lo que nos pertenece por derecho para satisfacer nuestras necesidades) así como los honores, títulos, privilegios y posición, o el conocimiento y favor de personas respetables o capaces, no tiene otro uso y funciones reales que el de obtener dinero. Luego todas las cosas valen en la medida en que favorecen ese objetivo, y sus poseedores deben asumir un rango acorde con tal definición. En consecuencia, ni el propietario de un castillo improductivo —por grande y antiguo que sea— ni el que ejerce una dignidad honoraria, ni el favorito, sin fortuna, de un rey, son estimados en el mismo nivel que quien acrecienta diariamente su fortuna, y aquellos cuyo patrimonio es estéril no pueden aspirar en justicia a un honor más grande que el de los pobres e indignos».

Renunciar. *v. t.* Ceder un honor a cambio de una ventaja. Ceder una ventaja a cambio de otra ventaja mayor.

Reparación. *s.* Satisfacción que se da por un mal cometido y que se deduce de la satisfacción experimentada al cometerlo.

Réplica (artística). *s.* Reproducción de una obra de arte por el artista original. Se le llama así para distinguirla de la «copia» que está hecha por otro artista. Cuando ambas están ejecutadas con la misma habilidad, la réplica es más valiosa pues se supone que es más bella de lo que parece.

Réplica (ingeniosa). *s.* Insulto prudente al contestar. Practicada por señores que tienen una repugnancia innata por la violencia, junto con una fuerte tendencia a ofender. En una guerra de palabras, táctica del indio norteamericano.

Reportero. *s.* Periodista que, a fuerza de suposiciones, se abre un camino hasta la verdad y la dispersa en una tempestad de palabras.

Reposar. *v. i.* Dejar de fastidiar.

156

Representante. *s.* Miembro de la Cámara Baja en este mundo, sin esperanza visible de ascenso en el próximo.

Reprobación. *s.* En teología, condición de un mortal sin suerte, condenado antes de nacer. La doctrina de la reprobación fue predicada por Calvino; el regocijo que ella le causaba se veía un poco empañado por su convicción, triste y sincera, de que si bien algunos están predestinados al infierno, otros lo están a la salvación.

República. (1) *s.* Nación en que, siendo la cosa que gobierna y la cosa gobernada, una misma, sólo hay autoridad consentida para imponer una obediencia optativa. En una república, el orden se funda en la costumbre, cada vez más débil, de obedecer, heredada de nuestros antepasados que cuando eran realmente gobernados se sometían porque no tenían otro remedio. Hay tantas clases de repúblicas como grados entre el despotismo de donde provienen y la anarquía adonde conducen.

(2) *s.* Entidad administrativa manejada por una incalculable multitud de parásitos políticos, lógicamente activos pero fortuitamente eficaces.

Réquiem. *s.* Misa de difuntos que (según nos aseguran los poetas menores) entona la brisa sobre las tumbas de sus favoritos. A veces, para variar el entretenimiento, les canta una elegía.

Rescate. *s.* Compra de lo que no pertenece al vendedor, ni puede pertenecer al comprador. Es la más improductiva de las inversiones.

Reserva (india). *s.* Lugar donde se enseñan las virtudes cristianas a los perversos indígenas.

Residente. *s.* y *adj.* El que no puede irse.

Respetabilidad. *s.* Fruto de una relación amorosa de una calva y una cuenta bancaria.

Respirador. *s.* Aparato que se aplica a la nariz y la boca de un londinense para filtrar el universo visible en su paso hacia los pulmones.

Resplandeciente. *adj.* Dícese de un sencillo ciudadano norteamericano cuando se atavía como un duque en su logia masónica, o cuando afirma su importancia en el Esquema de las Cosas como unidad elemental de un desfile.

Los Caballeros del Dominio estaban tan resplandecientes con sus casacas de oro y terciopelo que sus patrones difícilmente los hubieran reconocido.

Crónicas de las Clases.

Responder. *v. t.* e *i.* Dar respuesta, o manifestar de otro modo que se tiene conciencia de haber inspirado un interés por lo que Herbert Spencer llama «eternas coexistencias»; fue así como Satán, «agazapado como un sapo» junto a la oreja de Eva, respondió a la lanza del ángel. Responder por daños, es contribuir al mantenimiento del abogado del demandante y, de paso, a la satisfacción del propio demandante.

Responsabilidad. *s.* Carga desmontable que se traspasa fácilmente a las espaldas de Dios, el Destino, la Fortuna, la Suerte o el vecino. Los aficionados a la astrología suelen descargarla en una estrella.

Restitución. *s.* Fundación o sostén de universidades y bibliotecas públicas por medio de legados o donaciones.

Restituidor. *adj.* Benefactor; filántropo.

Resuelto. *adj.* Dícese de quien sigue obstinadamente una línea de conducta que aprobamos.

Resultado. *s.* Tipo particular de desengaño. Esa clase de inteligencia que ve en la excepción la prueba de la regla, juzga la sabiduría de un acto por su resultado. Esto es un absurdo inmortal; la sabiduría de un acto debería juzgarse según las luces del autor al cometerlo.

Retaguardia. *s.* En doctrina militar norteamericana, parte expuesta del ejército que se encuentra más cerca del Congreso.

Revelación. *s.* Libro famoso donde el divino san Juan ocultó todo lo que sabía. La revelación corre por cuenta de los comentaristas, que no saben nada.

Reverencia. *s.* Actitud espiritual de un hombre frente a un dios, y de un perro frente a un hombre.

Revolución. *s.* En política, brusco cambio en la forma de desgobierno. Específicamente, en la historia norteamericana, reemplazo de un Ministerio por una Administración, que permitió que el bienestar y la felicidad del pueblo progresaran media pulgada por lo menos.

Las revoluciones vienen generalmente acompañadas de un considerable derramamiento de sangre, pero se estima que valen la pena, sobre todo para aquellos beneficiarios cuya sangre no corría peligro de ser derramada. La Revolución francesa es de incalculable valor para el socialista de hoy: cuando tira de los hilos que mueven su esqueleto, sus gestos infunden un terror indecible a los sangrientos tiranos sospechosos de fomentar la ley y el orden.

Rey. *s.* Personaje masculino al que suele llamarse en los Estados Unidos «una cabeza coronada», aunque nunca usa corona y por lo general no tiene cabeza digna de este nombre.

Rezar. *v. i.* Pedir que las leyes del universo sean anuladas en beneficio de un solo solicitante, cuya indignidad él mismo reconoce.

Rico. *adj.* Dícese del que tiene en depósito, con el compromiso de rendir cuentas, los bienes de los indolentes, incapaces, pródigos, envidiosos y desafortunados. Este es el criterio que prevalece en el hampa, donde la Fraternidad del Hombre encuentra su desarrollo más lógico y su defensa más candorosa. Para los habitantes del mundo intermedio, la palabra significa bueno y sabio.

Ridículo. *s.* y *adj.* Palabra destinada a probar que la persona a quien se aplica carece de la dignidad de carácter de quien la pronuncia. Según Shaftesbury, el ridículo es la prueba de la verdad: afirmación ridícula, pues muchas solemnes falacias han sobrevivido a siglos de ridículo sin que disminuyera su aceptación popular.

Rima. *s.* Concordancia de sonidos en los finales de dos versos, generalmente malos y aburridos.

Rimador. *s.* Poeta considerado con indiferencia o falta de estima.

RIP. Abreviatura descuidada de *requiescat in pace,* con que se testimonia una indolente buena voluntad hacia los muertos. Según el erudito doctor Drigge, originariamente significaba *reductus in pulveris,* o reducido a polvo.

Riqueza. *s.* Don del cielo que significa:

«Éste es mi hijo bien amado, en quien he puesto toda mi complacencia.»

John D. Rockefeller.

«Recompensa del esfuerzo y la virtud».

J. P. Morgan.

«Los ahorros de muchos en las manos de uno».

Eugene Debs.

El inspirado lexicógrafo lamenta no poder agregar nada de valor a estas excelentes definiciones.

Risa. *s.* Convulsión interna, que produce una distorsión de los rasgos faciales y se acompaña de ruidos inarticulados. Es contagiosa y, aunque intermitente, incurable. La tendencia a los ataques de risa es una de las características que distinguen al hombre de los animales, que se muestran no sólo inaccesibles a la provocación de su ejemplo, sino inmunes a los microbios que originariamente provocaron la enfermedad. Si la risa puede contagiarse a los animales mediante inoculación a partir de un ser humano, es un problema que no ha sido resuelto experimentalmente. El doctor Meire Witchell sostiene que el carácter contagioso de la risa se debe a la instantánea fermentación de la saliva rociada, y por lo tanto designa a esta dolencia con el nombre de *Convulsio spargens*.

Rito. *s.* Ceremonia religiosa o semirreligiosa establecida por la ley, el precepto o la costumbre, de la que se ha exprimido meticulosamente el aceite esencial de la sinceridad.

Ritualismo. *s.* Jardín holandés de Dios donde Él puede caminar en rectilínea libertad, con tal de no pisar el césped.

Ron. *s.* Bebida ardiente que produce locura en los abstemios.

Rostrum. *s.* En latín, pico de un ave o proa de un barco. En norteamericano, tribuna desde donde un candidato expone a la turba su sabiduría, virtud y poder.

Ruido. *s.* Olor nauseabundo en el oído. Música no domesticada. Principal producto y testimonio probatorio de la civilización.

Ruin. *adj.* Característica del móvil de un oponente nuestro.

Ruina. *s.* Lo que esperaría a nuestros millonarios si pagaran sus impuestos.

Rumor. *s.* Arma favorita de los asesinos de reputaciones.

Ruso. *s.* Persona de cuerpo caucásico y alma mongólica. El vómito de un tártaro.

S

Sabbat. *s.* Sábado para los judíos, domingo para los cristianos. Fiesta semanal que tiene su origen en el hecho de que Dios hizo el mundo en seis días y quedó detenido el séptimo. Entre los judíos, la observancia de la festividad estaba ordenada por un mandamiento cuya versión cristiana es: «Recuerda, al séptimo día, hacer que tu prójimo lo respete plenamente». Al Creador le pareció apropiado que el *Sabbat* fuera el último día de la semana, pero los primitivos Padres de la Iglesia opinaron de otro modo.

Sabiduría. *s.* Tipo de ignorancia que distingue al estudioso.

Sacerdote. *s.* Caballero que reivindica como propio el sendero interior que lleva al Paraíso y pretende cobrar peaje a quien lo atraviese.

Saciedad. *s.* Ese sentimiento, señora, que uno experimenta por el plato después de tragar su contenido.

Sacramento. *s.* Solemne ceremonia religiosa a la que se atribuyen diversos grados de eficacia y significación. Roma tiene siete sacramentos, pero las iglesias protestantes, menos prósperas, sólo pueden permitirse dos, y de inferior santidad. Algunas sectas menores no tienen sacramentos en absoluto: ahorro vil que indudablemente les llevará a la perdición.

Sagrado. *adj.* Dedicado a un propósito religioso; provisto de un carácter divino; capaz de inspirar pensamientos y emociones solemnes. Por ejemplo: el Moogum de M'bwango; el Templo de los Monos en Ceilán; la Vaca en la India; el Cocodrilo, el Gato y la Cebolla del antiguo Egipto; el Mufti de Moosh; el pelo del perro que mordió a Noé, etc.

Salamandra. *s.* Originariamente, reptil que habitaba el fuego; después, inmortal antropomorfo, igualmente pirófilo. Se cree que las salamandras se han extinguido; la última de que tenemos noticias fue vista en Carcasonne por el padre Belloc, quien la exorcizó con un cubo de agua bendita.

Salsa. *s.* Único signo infalible de civilización y progreso. Pueblo sin salsas, tiene mil vicios; pueblo de una sola salsa, tiene novecientos noventa y nueve. A salsa inventada y aceptada, corresponde vicio dejado y perdonado.

Sano. *adj.* Estado de aquél que tira las medicinas a la basura.

Santo. *s.* Pecador fallecido, revisado y editado.

La duquesa de Orleáns refiere que aquel viejo e irreverente calumniador, el mariscal de Villeroi, que en su juventud había conocido a san Francisco de Sales, dijo al oír que le consideraban un santo: «Estoy encantado de enterarme de que *monsieur* de Sales era un santo. Le gustaba decir groserías y solía trampear a los naipes. Por lo demás, era un perfecto caballero, aunque un tonto».

Saquear. *v. t.* Tomar la propiedad de otro sin observar las reticencias decentes y acostumbradas del robo. Efectuar un cambio de propiedad con la cándida concomitancia de una banda militar. Apoderarse de los bienes de A y B, mientras C lamenta la oportunidad perdida.

Sarcófago. *s.* Entre los griegos, ataúd que, estando hecho de cierta clase de piedra carnívora, tenía la singular propiedad de devorar el cadáver colocado en su interior. El sarcófago conocido por los modernos exequiógrafos es, generalmente, un producto del arte del carpintero.

Sartén. *s.* Instrumento de tortura usado en esa institución punitiva por excelencia: la cocina femenina. La sartén fue inventada por Calvino, quien la usó para freír a los bebés que morían sin bautizar. Observando un día el horrible tormento de un vagabundo que incautamente sacó de la basura un bebé frito y lo devoró, el gran teólogo quiso despojar a la muerte de sus terrores, introduciendo la sartén en todos los hogares de Ginebra. De ahí se extendió a todos los rincones del mundo y ha sido de enorme utilidad para la propagación de la sombría fe calvinista. El obispo Potter insinúa que la utilidad de la sartén no se limita a este mundo y que se emplea igualmente en el infierno.

Satanás. *s.* Uno de los lamentables errores del Creador.

Habiendo recibido la categoría de arcángel, Satanás se volvió muy desagradable y fue finalmente expulsado del Paraíso. A mitad de camino en su caída, se detuvo, reflexionó un instante y volvió.

—Quiero pedir un favor —dijo.

—¿Cuál?

—Tengo entendido que el hombre está a punto de crearse. Necesitará leyes.

—¡Qué dices, miserable! Tú, su enemigo señalado, destinado a odiar su alma desde los albores de la eternidad, ¿tú pretendes hacer sus leyes?

—Perdón; lo único que pido, es que las haga él mismo.

Y así se ordenó.

Sátira. *s.* Especie de composición literaria en que los vicios y locuras de los enemigos del autor son expuestos sin demasiada ternura. En los Estados Unidos, la sátira ha tenido siempre una existencia enfermiza e incierta, porque su esencia es el ingenio del que estamos penosamente desprovistos; el humor que tomamos por sátira es, como todo humor, tolerante y simpático. Además, aunque los norteamericanos han sido dotados por su Creador de abundantes vicios y locuras, suelen ignorar que se trata de cualidades reprochables. De ahí que el autor satírico sea considerado un pillo amargado y que los gritos de cualquiera de sus víctimas, pidiendo ayuda, obtengan el apoyo nacional.

Sátiro. *s.* Uno de los pocos personajes de la mitología griega cuya existencia reconoce la mitología hebrea *(Levítico*, XVII, 7). En un comienzo, el sátiro era un miembro de una comunidad disoluta que rendía un tibio vasallaje a Dionisio, y que luego pasó por muchas transformaciones y perfeccionamientos. Suele confundírsele con el fauno, invención romana, más tardía y más decente, que se parecía menos a un hombre y más a un chivo.

Secretario de redacción (de un periódico). *s.* Persona que reúne las funciones judiciales de Minos, Eaco y Radamanto, pero es aplacable con un óbolo; censor severamente virtuoso, pero tan caritativo en el fondo que tolera las virtudes ajenas y los vicios propios; que lanza a su alrededor los desgarrantes relámpagos y los vigorosos truenos de la reprimenda, hasta parecerse a un paquete de petardos atado a la cola de un perro; que seguidamente murmura un dulce canto melodioso, suave como el arrullo de un asno que entona su plegaria a la estrella vespertina. Maestro de misterios y señor de leyes, encumbrado en el trono del pensamiento, el rostro iluminado por los oscuros resplandores de la Transfiguración, con las piernas cruzadas y los carrillos inflados, el secretario de redacción derrama su voluntad sobre el papel y la corta en trozos de la extensión requerida. Y a intervalos, tras el velo del templo, se oye la voz del jefe de taller, que reclama ocho centímetros de ingenio y quince centímetros de meditación religiosa, o que ordena cortar el chorro de la sabiduría y añadir un poco de «interés humano».

Seguro. *s.* Ingenioso juego de azar que permite al jugador la cómoda convicción de que está venciendo a la banca.

AGENTE DE SEGUROS. Mi estimado señor, ésa es una bella casa. Permítame que se la asegure.

PROPIETARIO DE LA CASA. Es un placer. Pero le ruego fijar una prima anual tan baja que, llegado el momento en que, según sus cálculos probablemente la destruye el fuego, ya le haya pagado mucho menos del valor de la póliza.

AGENTE. ¡Oh, no! No podemos permitirnos eso. Debemos fijar la prima de modo que usted haya pagado más.

PROPIETARIO. Eso es lo que «yo» no puedo permitirme.

AGENTE. Pero observe que su casa puede quemarse en cualquier momento. Ahí tiene la casa de Smith, por ejemplo, que...

PROPIETARIO. Ahórreme eso. Yo podría citarle, en cambio, la casa de Jones, y la de Robinson, que...

AGENTE. ¡Ahórreme «usted» eso!

PROPIETARIO. Entendámonos. Usted pretende que yo le pague dinero sobre la hipótesis de que algo ocurrirá antes del momento en que usted mismo calcula que ocurrirá. En otras palabras, usted me pide que apueste a que mi casa no durará tanto como probablemente durará, según usted.

AGENTE. Pero si su casa se quema sin seguro, será una pérdida total.

PROPIETARIO. Perdón. Según sus cálculos lo probable es que cuando se queme yo haya ahorrado, en concepto de primas que no le pago, una suma mayor que el valor de la póliza. Pero supongamos que se quema, sin seguro, antes de lo que ustedes prevén. Yo no puedo soportar esa pérdida. ¿Pero cómo la soportan ustedes, en caso de que esté asegurada?

AGENTE. Ah, nos desquitamos a través de transacciones más afortunadas con otros clientes. Virtualmente, son ellos los que pagan su pérdida.

PROPIETARIO. Y virtualmente, entonces, soy yo el que contribuyo a pagar las pérdidas de ellos. ¿Acaso las casas de los demás no se pueden quemar antes de que las primas cubran el valor de la póliza? La cosa es así: ustedes pretenden sacar de sus clientes más dinero del que les pagan, ¿verdad?

AGENTE. Por supuesto. Si no fuera así...

PROPIETARIO. ... yo no les entregaría mi dinero. Bien, pero si resulta «indudable» que la clientela global pierde dinero, también es «probable» que un cliente individual lo pierda. Son estas probabilidades individuales las que hacen el conjunto cierto.

AGENTE. No lo negaré, pero observe las cifras de este folle...

PROPIETARIO. ¡Dios no lo permita!

AGENTE. Usted habló de ahorrar las primas que debería pagarme. ¿Pero no es más probable que las despilfarre? Nosotros le ofrecemos un incentivo al ahorro.

PROPIETARIO. La disposición de A a hacerse cargo del dinero de B no es exclusiva de los seguros, pero ustedes, como institución caritativa, merecen estima. Dígnese aceptar ese reconocimiento de este Meritorio Objeto.

Selenita. *s.* Habitante de la Luna. No debe confundirse con el lunático, que es habitado por la Luna. Los selenitas han sido descritos por Luciano, Locke y otros observadores, que no se han puesto mayormente de acuerdo. Bragellos, por ejemplo, afirma que son anatómicamente idénticos al hombre, mientras que el profesor Newcomb asegura que se parecen más a los tribeños de Vermont.

Sello. *s.* Marca impresa en ciertos documentos para atestiguar su autenticidad y autoridad. A veces se estampa sobre cera y se agrega al papel, a veces sobre el papel mismo. El sellado, en este sentido, es una supervivencia de la antigua costumbre de marcar papeles importantes con palabras o signos cabalísticos, para darle una eficacia mágica, independientemente de la autoridad que representan. En el Museo Británico se conservan muchos papeles antiguos, en su mayoría de carácter sacerdotal, validados por pentagramas necrománticos y otros artificios tales como las iniciales de palabras usadas en conjuros, y en muchos casos, se estampaban del mismo modo en que se estampan actualmente los sellos. Como casi todas las costumbres, ritos y observancias modernos, de apariencia irracional e insensata, tienen su origen en alguna remota utilidad, resulta grato señalar un ejemplo de insensatez antigua que con el tiempo llegó a convertirse en algo útil. Nuestra palabra «sincero» deriva de *sine cero,* sin cera. Pero los cruditos no se ponen de acuerdo sobre si esto se refiere a la ausencia de signos cabalísticos, o a la ausencia de la cera con que antaño se ocultaba el contenido de las cartas a la curiosidad pública. Cualquiera de estas dos opiniones servirá a quien tenga necesidad inmediata de una hipótesis. Las iniciales L. S., que suelen agregarse a las firmas de documentos legales, significan *locum sigilis,* el lugar del sello, aunque el sello ya no se use, y éste es un considerable ejemplo del conservadurismo que distingue al hombre de las bestias.

Senado. *s.* Cuerpo de ancianos que cumple altas funciones y realiza bajos hechos.

Sepulcro. *s.* Lugar donde se coloca a los muertos hasta que llegue el estudiante de medicina.

Sicofante. *s.* El que se acerca a la Grandeza arrastrándose para que no le ordenen dar media vuelta y recibir un puntapié. A veces es el director de un periódico.

Silfo. *s.* Ser inmaterial pero visible que habitaba el aire cuando el aire era un elemento y no estaba fatalmente contaminado por el humo de las fábricas, las emanaciones de las alcantarillas y otros productos de la civilización. Los silfos estaban emparentados con los gnomos, las ninfas y las salamandras que vivían, respectivamente, en la tierra, el agua y el fuego, elementos hoy insalubres. Los silfos, como los pájaros del aire, eran machos y hembras, sin finalidad aparente, ya que si tenían progenie debieron anidar en lugares inaccesibles, puesto que nadie jamás ha visto los crías.

Silogismo. *s.* Fórmula lógica *(ver* **Lógica),** que consiste en una premisa mayor, una premisa menor y una inconsecuencia.

Símbolo. *s.* Algo cuya presunta función es tipificar o representar otra cosa. Muchos símbolos son meras «supervivencias», cosas que no teniendo ya utilidad siguen existiendo porque hemos heredado la tendencia a fabricarlas: como las urnas funerarias talladas en los monumentos conmemorativos. Antaño eran urnas verdaderas que contenían las cenizas de los muertos. No podemos dejar de hacerlas, pero podríamos darles un nombre que disimulara nuestra impotencia.

Sirena. *s.* Uno de los varios prodigios musicales célebres por su vana tentativa de disuadir a Odiseo de una vida oceánica. En sentido figurado, dama de espléndida promesa, aviesa intención y frustrante actuación.

Slang. *s.* Jerga norteamericana. Gruñido del cerdo humano *(Pignoramus intolerabilis).* Lenguaje del que pronuncia con la lengua lo que piensa con el oído y siente el orgullo de un creador al realizar la proeza de un loro.

Sobre. *s.* Ataúd de un documento; vaina de una factura; cáscara de una letra de cambio; camisón de una carta de amor.

Sobredosis. *s.* Dosis letal de un medicamento cuando no es el médico quien lo receta.

Sofisma. *s.* Método de discusión de un adversario, que se distingue del nuestro por una hipocresía y necedad claramente superiores. Lo usaron los últimos sofistas, secta griega de filósofos que comenzaron por enseñar la sabiduría, la prudencia, la ciencia, el arte y, en suma, todo lo que deben saber los hombres, pero se extraviaron en el laberinto de la retórica y en las nieblas del lenguaje.

Soga. *s.* Instrumento, que va cayendo en desuso, para recordar a los asesinos que ellos también son mortales. Se coloca alrededor del cuello y acompaña al usuario hasta el fin de sus días. En muchos sitios ha sido reemplazada por un artefacto eléctrico, más complejo, que se aplica a otra parte del cuerpo; pero este sistema, a su vez, está siendo rápidamente sustituido por un aparato llamado «sermón».

Solo. *adj.* En mala compañía.

Su (de ella). *adj. pos.* Su (de él).

Suficiente. *adv.* Todo lo que hay en el mundo, siempre que te guste.

Sufragio. *s.* Expresión de la opinión por el voto. El derecho de sufragio (que se considera también un privilegio y un deber) significa, tal como se interpreta comúnmente, el derecho a votar por el hombre que ha elegido otro hombre, y es altamente apreciado. La negativa a ejercerlo lleva el feo nombre de «incivismo». El incivil, sin embargo, no puede ser procesado por su crimen, porque no hay acusador legítimo. Si el acusador es en sí mismo culpable, carece de peso en el tribunal de la opinión; si no lo es, se beneficia con el crimen, ya que la abstención electoral de A confiere mayor peso al voto de B. Por sufragio femenino se entiende el derecho de una mujer a votar como le indica un hombre. Se funda en la responsabilidad femenina, que es algo limitada. La mujer más ansiosa por quitarse sus faldas para obtener sus derechos es la primera en volver a ellas cuando se le amenaza con una tunda por usar mal de esos derechos.

Superar. *v. t.* Crearse un enemigo.

Suplicar. *v. trans.* Pedir algo con una insistencia proporcional al convencimiento de que no nos lo van a dar.

T

T. Vigésima letra del alfabeto, llamada absurdamente por los griegos *tau*. En el alfabeto de donde procede el nuestro, tenía la forma del tosco tirabuzón de la época, y cuando se tenía de pie sola (cosa que los fenicios no siempre podían hacer) significaba Tallegal, que el erudito doctor Brownig traduce por «traba-pies».

Tacaño. *adj.* El que indebidamente quiere conservar lo que muchas personas meritorias aspiran a obtener.

Tarifa. *s.* Tabla de impuestos a las importaciones destinada a proteger al productor local contra la avidez de sus consumidores.

Tecnicismo. *s.* En un tribunal inglés, un hombre llamado Home, que acusaba a un vecino de asesinato, fue procesado por calumnias. Sus palabras exactas fueron: «Sir Thomas Holt tomó un hacha y golpeó a su cocinero en la cabeza, de modo que una parte de la cabeza cayó sobre un hombro, y la otra parte sobre el otro hombro». Home fue absuelto por indicación del tribunal; los doctos jueces declararon que sus palabras no constituían una acusación de asesinato, ya que no afirmaban la muerte del cocinero, y que ésta era una simple inferencia.

Tedio. *s. Ennui,* estado o condición en que uno está aburrido. Se han sugerido muchas fantasiosas etimologías de la palabra, pero el sabio padre Jape dice que deriva de una fuente muy obvia, las primeras palabras del viejo himno latino *Te Deum Laudamus.* En esta derivación aparentemente natural hay algo que entristece.

Tedioso. *adj.* El humor inglés.

Teléfono. *s.* Invención del demonio que elimina algunas de las ventajas de mantener a distancia a una persona desagradable.

Telescopio. *s.* Artefacto que tiene con el ojo una relación similar a la que tiene el teléfono con el oído, permitiendo que objetos distantes nos mortifiquen con multitud de detalles inútiles. Afortunadamente carece de un timbre como el del teléfono que nos llame a la tortura.

Temerario. *adj.* Quien fracasa en un acto de valentía.

Tenacidad. *s.* Cierta cualidad de la mano del hombre en su relación con la moneda de curso legal. Alcanza su mayor desarrollo en las manos de la autoridad, y se considera un equipamento útil para hacer carrera en política.

Tenedor. *s.* Instrumento usado principalmente para llevarse animales muertos a la boca. Antes se empleaba para ese fin el cuchillo, y muchas personas dignas siguen prefiriéndolo al tenedor, que no rechazan del todo, sino que usan para ayudar a cargar el cuchillo. Que estas personas no sufran una muerte atroz y fulminante, es una de las pruebas más notables de la misericordia de Dios con quienes lo odian.

Teosofía. *s.* Antigua fe que posee toda la certidumbre de la religión y todo el misterio de la ciencia. El moderno teósofo sostiene, con los budistas, que vivimos incalculable número de veces en esta tierra, en otros tantos cuerpos, porque una vida sola no basta para completar nuestro desarrollo espiritual, o sea para volvernos tan buenos y sabios como desearíamos. Ser absolutamente bueno y sabio, esa es la perfección, y la penetrante visión del teósofo le ha permitido observar que todo lo que desea mejorar termina alcanzando la perfección. Observadores menos competentes pretenden exceptuar a los gatos, que nunca parecen mejores ni más inteligentes que el año pasado. La más grande y gorda de las teósofas recientes fue madame Blavatsky, que no tenía gato.

Tiempo. *s.* El clima durante una hora. Permanente tema de conversación entre personas a quienes no interesa, pero que han heredado la tendencia a charlar sobre él, de antepasados desnudos y arbóreos a quienes les interesaba vivamente. El establecimiento de centros meteorológicos oficiales y su persistencia en la mendacidad demuestran que hasta los gobiernos pueden ser influidos por los rudos antepasados de la jungla.

Tierra. *s.* Parte de la superficie del globo, considerada como propiedad. La teoría de que la tierra es un bien sujeto a propiedad privada constituye el fundamento de la sociedad moderna, y es digna de esa sociedad. Llevada a sus consecuencias lógicas, significa que algunos tienen el derecho de impedir que otros vivan, puesto que el derecho a poseer implica el derecho a ocupar con exclusividad, y en realidad siempre que se reconoce la propiedad de la tierra se dictan leyes contra los intrusos. Se deduce que si toda la superficie del planeta es poseída por A, B y C, no habrá lugar para que nazcan D, E, F y G, o para que sobrevivan si han nacido como intrusos.

Timar. *v. tr.* Prometer al pueblo soberano no robar si se es elegido.

Tinta. *s.* Innoble compuesto de tano-galato de hierro, goma arábiga y agua, que se usa principalmente para facilitar la propagación de la idiotez y promover el crimen intelectual. Las cualidades de la tinta son peculiares y contradictorias: puede emplearse para fabricar reputaciones y para deshacerlas; blanquearlas y ennegrecerlas; pero su aplicación más común y aceptada es a modo de cemento para unir las piedras en el edificio de la fama, y de agua de cal para esconder la miserable calidad del material. Hay personas, llamadas periodistas, que han inventado los baños de tinta, en los que algunos pagan para entrar y otros pagan por salir. Con frecuencia ocurre que el que ha pagado para entrar, paga el doble con tal de salir.

Tipos (de imprenta). *s.* Pestilentes trozos de metal, sospechosos de destruir la civilización y el progreso, a pesar de su evidente papel en este diccionario incomparable.

Tomar. *v. t.* Adquirir frecuentemente por la fuerza, pero preferiblemente por la astucia.

Tonto. *s.* Persona que predomina en el ámbito de la especulación intelectual y se difunde por los canales de la actividad moral. Es omnífico, omniforme, omniperceptivo, omnisciente, omnipotente. Fue él quien inventó las letras, la imprenta, el ferrocarril, el vapor, el telégrafo, la perogrullada y el círculo de las ciencias. Creó el patriotismo y enseñó la guerra a las naciones, fundó la teología, la filosofía, el derecho, la medicina y Chicago. Estableció el gobierno monárquico y el republicano. Viene de la eternidad pasada y se prolonga hasta la eternidad futura. Con todo lo que el alba de la creación contempló, tontea él ahora. En la mañana de los tiempos, cantaba en las colinas primitivas, y en el mediodía de la existencia, encabezó la procesión del ser. Su mano de abuela ha traído el cálido caso de la civilización, y en la penumbra prepara la cena del hombre, a base de moralidad-con-leche, y abre la cama del sepulcro universal. Y después que todos nos hayamos retirado a la noche del olvido eterno, él se sentará y escribirá una historia de la civilización humana.

Trabajo. *s*. Uno de los procesos por los que A adquiere bienes para B.

Trabar amistad. *v. i.* Fabricar un ingrato.

Tregua. *s*. Amistad.

Trigo. *s*. Cereal del que puede extraerse un wiski tolerable, y que se usa también para hacer pan. Los franceses obtienen el mayor consumo de pan *per cápita,* lo que es natural, porque sólo ellos hacen un pan que se puede comer.

Trinidad. *s*. En el teísmo múltiple de ciertas iglesias cristianas, tres divinidades completamente distintas, compatibles con una sola. Las divinidades inferiores de la fe politeísta, tales como demonios y ángeles, carecen de esta facultad combinatoria, y deben procurarse individualmente la adoración y los sacrificios a que son acreedoras. La Trinidad es uno de los más sublimes misterios de nuestra santa religión. Al rechazarla por incomprensible, los Unitarios demuestran no captar los fundamentos de la teología. En religión, creemos solamente aquello que no comprendemos, salvo en el caso de una doctrina inteligible que se contradice con otra incomprensible. Siendo así, creemos en la primera como parte de la segunda.

Triquinosis. *s*. La respuesta del cerdo a la porcofagia.

Moisés Mendelssohn cayó enfermo y mandó llamar a un médico cristiano, quien rápidamente diagnosticó la dolencia del filósofo como triquinosis, aunque con sumo tacto le dio otro nombre.

—Usted necesita un inmediato un cambio de régimen —le dijo—. Debe comer seis onzas de cerdo al día por término medio.

—¿Cerdo? —aulló el paciente—. ¡Jamás! ¡Ni tocarlo!

—¿Lo dice en serio? —preguntó gravemente el médico.

—¡Lo juro!

—Bien. Entonces trataré de curarle.

Troglodita. *s.* Específicamente habitante de las cavernas de la era paleolítica, después del árbol y antes del apartamento. Una famosa comunidad de trogloditas vivió con David en la cueva de Adullam. Estaba formada por «todos los que padecían desgracia, y todos los endeudados, y todos los descontentos»; en resumen, por todos los socialistas de Judea.

Tsé-Tsé. mosca. *s.* Insecto africano *(Glossina morsitans)* cuya mordedura es considerada el remedio más eficaz contra el insomnio, aunque algunos pacientes prefieren ser mordidos por un novelista norteamericano *(Mendax interminabilis)*.

Tumba. *s.* Sede de la Indiferencia. Actualmente el consenso general inviste a las tumbas de cierta santidad, pero cuando han estado ocupadas mucho tiempo, no se considera una profanación abrirlas y saquearlas; el famoso egiptólogo doctor Huggyns explica que una tumba puede ser moralmente «visitada» cuando su ocupante ha dejado de oler, pues eso significa que ha exhalado toda su alma. Esta razonable opinión es unánimemente aceptada por los arqueólogos y ha dignificado considerablemente la noble ciencia de la Curiosidad.

Tumulto. *s.* Entretenimiento popular ofrecido a los militares por espectadores inocentes.

Turba. *s.* En una república, aquellos que ejercen una suprema autoridad moderada por elecciones fraudulentas. La turba es como el sagrado Simurg, de la fábula árabe: omnipotente, a condición de que no haga nada.

U

Ubicuidad. *s.* Don o poder de estar en todas partes en un momento dado, aunque no en todas partes en todos los momentos, ya que esto es omnipresencia, atributo que sólo pertenece a Dios y al éter luminífero. La Iglesia medieval no percibió claramente esta distinción entre ubicuidad y omnipresencia, y a raíz de eso corrió mucha sangre. Ciertos luteranos, que afirmaban la presencia del cuerpo de Cristo en todas partes fueron llamados Ubicuitarios. Este error los condenó doblemente, puesto que el cuerpo de Cristo sólo está presente en la eucaristía, aunque este sacramento pueda administrarse simultáneamente en muchos lugares. En épocas recientes, la ubicuidad no ha sido siempre bien comprendida, ni siquiera por sir Boyle Roach, quien sostenía que un hombre no puede estar al mismo tiempo en dos lugares, salvo que sea un pájaro.

Ultimátum. *s.* En diplomacia, exigencia final antes de recurrir a las concesiones.

Habiendo recibido un ultimátum de Austria, el gabinete turco se reunió para considerarlo.

—Oh, Siervo del Profeta —dijo el Sheik del Imperial Shibuk al Mamush del Invencible Ejército—, ¿cuántos inconquistables soldados tenemos en armas?

—Sostenedor de la Fe —repuso el dignatario tras consultar sus apuntes—, ¡son tantos como las hojas del bosque!

—¿Y cuántos inabordables bajeles infunden terror en el corazón de los cerdos cristianos? —preguntó el Sheik al Imán de la Siempre Victoriosa Marina.

—¡Oh, Tío de la Luna Llena —fue la respuesta—, dígnate saber que son como las olas del océano, las arenas del desierto y las estrellas del firmamento!

Durante ocho horas la ancha frente del Sheik del Imperio Shibuk permaneció arrugada en signo de profunda meditación: estaba calculando las posibilidades de ganar la guerra. Al fin:

—¡Hijos de los ángeles —exclamó—, la suerte está echada! Sugeriré al Ulema del Imperial Oído que aconseje la inacción. En nombre de Alá, se levanta la sesión.

Una vez. *adv.* Suficiente.

Unción. *s.* Oleamiento o engrasamiento. El rito de la extremaunción consiste en tocar con aceite consagrado por un obispo, varias partes del cuerpo de alguien en trance de morir.

Marbury relata que después de aplicar este sacramento a un pérfido noble inglés, se descubrió que el óleo no había sido debidamente consagrado, y que no podía conseguirse otro. Enterado de esto, el enfermo exclamó con ira:

—¡Siendo así, me condeno si me muero!

—Hijo mío —respondió el sacerdote—, eso es lo que nos tememos.

Ungir. *v. t.* Engrasar a un rey u otro gran funcionario que ya de por sí es bastante viscoso. Los soberanos son ungidos por los sacerdotes del mismo modo que se engrasa bien a los cerdos para agradar al populacho.

Unitario. *s.* El que niega el dios de los Trinitarios.

Universalista. *s.* El que renuncia a las ventajas del Infierno en favor de los creyentes de otra religión.

Urbanidad. *s.* La forma más aceptable de la hipocresía. Especie de cortesía que los observadores urbanos atribuyen a los habitantes de todas las ciudades, menos Nueva York. Su expresión más común consiste en la frase «Usted perdone»; no es incompatible con el desprecio de los derechos ajenos.

Urraca. *s.* Ave cuya inclinación al robo ha sugerido a algunos la posibilidad de enseñarle a hablar.

Uso. *s.* Primera Persona de la Trinidad literaria; la Segunda y la Tercera son la Costumbre y la Convención. Un escritor industrioso, imbuido de un saludable respeto por esta Santa Tríada, puede producir libros que perduren tanto como la moda.

Utilidad. *s.* Madre de todas las virtudes.

V

Valla. *s.* En el arte militar, basura colocada delante de un fuerte para impedir que la basura de fuera moleste a la basura de dentro.

Valor. *s.* Virtud castrense en que se mezclan la vanidad, el deber y la esperanza del tahúr.

—¿Por qué se ha detenido? —rugió en la batalla de Chickamauga el comandante de una división que había ordenado una carga—. Avance en el acto, señor.

—Mi general —respondió el comandante de la brigada sorprendido en falta—. Estoy seguro de que cualquier nueva muestra de valor por parte de mis tropas las pondrá en contacto con el enemigo.

Vampiro. *s.* Demonio que tiene la censurable costumbre de devorar a los muertos. Su existencia ha sido disputada por polemistas más interesados en privar al mundo de creencias reconfortantes que de reemplazarlas por otras mejores. En 1640 el padre Sechi vio un vampiro en un cementerio próximo a Florencia y lo espantó con el signo de la cruz. Lo describe dotado de muchas cabezas y de un número extraordinario de piernas, y no dice que lo viera en más de un lugar al mismo tiempo. El buen hombre venía de cenar y explica que si no hubiera estado «pesado por la comida», habría atrapado al demonio contra todo riesgo. Atholston relata que unos robustos campesinos de Sudbury capturaron un vampiro en un cementerio y lo arrojaron a un bebedero de caballos. (Hubiera sido mejor que un criminal tan distinguido hubiese sido echado en un tanque de agua de rosas). El agua se convirtió inmediatamente en sangre «y así continúa hasta el día de hoy», escribe Atholston. Más tarde el bebedero fue drenado por medio de una zanja. A comienzos del siglo XIV un vampiro fue acorralado en la cripta de la catedral de Amiens y la población entera rodeó el lugar. Veinte hombres armados, con un sacerdote a la cabeza, llevando un crucifijo, entraron y capturaron al vampiro que, pensando escapar mediante una estratagema, había asumido el aspecto de un conocido ciudadano, lo que no impidió que lo ahorcaran y descuartizaran en medio de abominables orgías populares. El ciudadano cuya forma había asumido el demonio, quedó tan afectado por el siniestro episodio que no volvió a aparecer por Amiens, y su destino sigue siendo un misterio.

Vanidad. *s.* Tributo que rinde un tonto a la consideración del asno más cercano.

Venganza. *s.* Enviar a nuestro rival las cartas que nos escribió su mujer cuando éramos novios.

Veraz. *adj.* Tonto e iletrado.

Verdad. *s.* Ingeniosa mezcla de lo deseable y lo aparente. El descubrimiento de la verdad es el único propósito de la filosofía, que es la más antigua ocupación de la mente humana y tiene buenas perspectivas de seguir existiendo, cada vez más activa, hasta el fin de los tiempos.

Verdugo. *s.* Funcionario de la ley que cumple tareas de la mayor dignidad e importancia y padece un desprestigio hereditario ante un populacho con antepasados criminales. En algunos estados norteamericanos, como Nueva Jersey, sus funciones son desempeñadas ahora por un electricista; primer caso registrado por este autor en que alguien pone en duda las ventajas de ahorcar a los habitantes de Nueva Jersey.

Verso blanco. *s.* Pentámetro yámbico sin rima; el verso inglés más difícil de escribir pasablemente y, en consecuencia, el que prefieren los que no pueden escribir pasablemente nada.

Vida. *s.* Especie de salmuera espiritual que preserva al cuerpo de la descomposición. Vivimos en diario temor de perderla; cuando se pierde, sin embargo, no se le echa de menos. La pregunta «¿Vale la pena vivir?» ha sido muy debatida, en particular por los que opinan que no; algunos de ellos escribieron extensos tratados en apoyo de esa idea y, gracias a un minucioso cuidado de su salud, disfrutaron durante muchos años los honores de una exitosa controversia.

Vidente. *s.* Persona, por lo general mujer, que tiene la facultad de ver lo que resulta invisible para su cliente: o sea, que es un tonto.

Viejo. *adj.* Estado de uso que no se contradice con una incapacidad general, verbigracia «hombre viejo». Desacreditado por el paso del tiempo y ofensivo para el gusto popular, verbigracia «libro viejo».

Vino. *s.* Zumo de uva fermentado que la Unión de Mujeres Cristianas llama «alcohol» o «licor» según sea quien lo tome. El vino, regalo que hizo Dios al hombre.

Violín. *s.* Instrumento para agradar el oído humano a base de frotar una cola de caballo con las tripas de un gato.

Virtudes. *s. pl.* Ciertas abstenciones.

Vituperio. *s.* Sátira, tal como es entendida por los necios y por todos los que tienen trabado el ingenio.

Viuda. *s.* Figura patética a quien el consenso del mundo cristiano toma en broma, aunque la ternura de Cristo por las viudas fue uno de los rasgos más marcados de su carácter.

Voto. *s.* Instrumento y símbolo de la facultad del hombre libre de hacer de sí mismo un tonto y de su país una ruina.

W. Única letra de nuestro alfabeto que tiene un nombre engorroso. Los de las otras son monosílabos. Esta ventaja del alfabeto romano sobre el griego se aprecia más si oyes deletrear cualquier palabra sencilla en griego. Todavía piensan los eruditos que los dos alfabetos influyeron respectivamente en el declive de la «gloria griega» y el surgimiento de la «grandeza de Roma». Es indudable que si simplificáramos la W, nuestra cultura, aunque no mejoraría, sería más soportable.

Wall Street. *s.* Símbolo de pecado expuesto a la execración de todos los demonios. Que Wall Street sea una cueva de ladrones es una creencia con que todo ladrón fracasado sustituye su esperanza de ir al Cielo.

Washingtoniano. *s.* Ribereño del Potomac que cambió por las ventajas de un buen gobierno el privilegio de gobernarse a sí mismo. Para hacerle justicia, debe recordarse que lo hizo sin querer.

Whangdepootenawah. *s.* En el dialecto ojibwa, desastre; aflicción inesperada que golpea con fuerza.

X

X. Letra inservible, aunque sirve de argumento a los que pretenden reformar la ortografía; durará, sin duda, tanto como esos reformadores y como el propio idioma. X es el sagrado símbolo de diez dólares. En abreviaturas inglesas como Xmas. (Christmas, Navidad), o Xn. *(Christian, cristiano),* la X reemplaza a Cristo, pero no, como se supone popularmente, porque represente una cruz, sino porque la letra correspondiente del alfabeto griego es la inicial de su nombre Xpistos. Si representara una cruz, simbolizaría a San Andrés, quien «dio testimonio» en una cruz de esa forma. En el álgebra de la psicología, X representa el espíritu de la mujer. Las palabras que empiezan con X son griegas y no serán definidas en este diccionario.

Y

Yanqui. *s.* En Europa, un norteamericano. En los estados norteños, habitante de Nueva Inglaterra. En los estados sureños, la palabra es desconocida en su forma principal, aunque no en su variante «yanqui, vete a casa».

Yugo. *s.* Instrumento, mi estimada señora, a cuyo nombre latino, *jugum,* debemos una de las palabras más esclarecedoras de nuestro idioma: la palabra que define con precisión, ingenio y perspicacia el estado matrimonial.

Z

Zanzibarita. *s.* Habitante del Sultanato de Zanzíbar, frente a la costa oriental de África. Los zanzibaritas, pueblo guerrero, son conocidos en los Estados Unidos por un amenazante incidente diplomático que ocurrió hace unos años. El cónsul norteamericano en la capital ocupaba una casa frente al mar, del que estaba separado por una playa de arena. Con gran escándalo de su familia, y a pesar de las repetidas advertencias del propio cónsul, la gente de la ciudad insistía en usar la playa para bañarse. Un día una mujer llegó al borde del agua, y estaba agachada quitándose la ropa (un par de sandalias), cuando el cónsul, sin poder ya dominar su irritación, descargó una perdigonada contra la parte más conspicua de la intrusa. Infortunadamente para la *entente cordiale* que existía entre dos grandes naciones, la bañista era la sultana.

Zenit. *s.* Punto del firmamento situado directamente sobre un hombre parado o un repollo que crece. No se considera que un hombre en una cama o un repollo en la cacerola tengan zenit, aunque sobre este punto hubo antaño graves controversias entre los eruditos, pues algunos sostenían que la postura del cuerpo carecía de importancia. Éstos se llamaron Horizontalistas, mientras que sus rivales fueron los Verticalistas. La herejía Horizontalista fue finalmente aniquilada por Xanobus, rey-filósofo de Abara y Verticalista ferviente. Irrumpiendo en una asamblea de filósofos que debatían la cuestión, arrojó una cabeza cortada a los pies de sus oponentes y les pidió que determinaran su zenit, explicando que el cuerpo colgaba fuera, colgado de los talo-

189

nes. Observando que se trataba de la cabeza de su jefe, los Horizontalistas se apresuraron a declararse convertidos al credo que pluguiera a
la Corona, y el Horizontalismo ocupó su lugar entre las *fides defuncti*.

Zeus. *s.* Rey de los dioses griegos, adorado por los romanos
como Júpiter, y por los norteamericanos como Dios, Oro, Plebe y Perro. Algunos exploradores que han tocado las playas de América, entre
ellos uno que pretende haberse internado una considerable distancia,
piensan que esos cuatro nombres representan a cuatro divinidades
separadas, pero en su inmortal obra sobre Creencias supersticiosas,
Frumpp insiste en que los nativos son monoteístas, y que nadie tiene
más dios que sí mismo, a quien adora bajo muchos nombres sagrados.

Zoología. *s.* Ciencia e historia del reino animal, incluyendo a su
reina, la Mosca Doméstica *(Musca maledicta)*. Se concede universalmente que el padre de la Zoología fue Aristóteles; el nombre de la
madre, en cambio, no ha llegado hasta nosotros. Dos de los exponentes más ilustres de esta ciencia han sido Buffon y Oliver Goldsmith,
y ambos nos dicen *(L'Histoire générale des animaux* y *A History of
Animated Nature)* que la vaca doméstica cambia de cuernos cada dos
años.

Zurrar. *v. tr.* Amonestar, protestar o persuadir mediante un garrote.

ÍNDICE